武道初心集を知る

大道寺友山
Yuzan Daidoji
大道寺弘義【監修】

教育評論社

刊行にあたって　「大道寺家と大道寺友山」

大道寺　弘義

武士の心がまえを記した『武道初心集』の著者である大道寺友山。彼を理解するための一助として、その背景となる大道寺家の歴史について少々述べておきたい。

大道寺家は、友山の墓碑銘や他記録を総合してみると、平重盛を祖とする旧家ということになると考えられる。平家の滅亡後、京都府綴喜《つづき》郡宇治田原町大字立川内の大道寺地区にあったとき、鎌倉時代末期の後醍醐天皇の挙兵に呼応して笠置《かさぎ》山に馳せ参じた南山郷士の一員として活躍する。時代が下って十五世紀には、後北条《ごほうじょう》氏の祖となった北条早雲（氏長）に従って駿河国に下った。これについての物語が司馬遼太郎の『箱根の坂』上巻の巻頭にあり、友山の祖先である大道寺重時が「大道寺太郎」として登場している。

北条氏はその後、戦国大名として関東地方に領地を広げていき、それにつれて大道寺家も重要な地点に配置されるようになっていった。友山の曾祖父大道寺駿河守政繁（一五三三〜一五九〇）は一五八二年（天正十）川越城代と松井田城主を兼ねながら守っていたが、豊臣秀吉の小田原征伐に関連して上杉景勝、前田利家が松井田城攻略に成功した一五九〇年（天正十八）には、政繁は豊臣方に加わり小田原攻略で活躍したものの、七月十九日秀吉の命を受けた兵士により江戸桜田で斬殺された。

墓は群馬県安中市松井田町の補陀《ほだ》寺にある。この時の物語は火坂雅志の小説『天地人』（二〇〇九年NHK大河ドラマの原作）にも描かれている。

祖父の直繁は、父政繁の川越城代の跡を継いでいたが、小田原合戦直後そのまま徳川氏に仕え、一六〇三年（慶長八）に京都で横死した。父の囚獄助《ひとやのすけ》繁久は、徳川秀忠の内意で上総介松平忠輝の越後国高田藩主の小姓として召し出されたが、一六一六年（天和二）に忠輝の改易後は浪々の身となり越後で没した。

友山は、一六三九年（寛永十六）越後国村上邑に生まれている。当時、大道寺瀬兵衛なる者が村上藩主の堀直寄《ほりなおより》の右手鉄砲隊として『村上市史』に記録されているが、それは一六四二年（寛永十九）三月に堀家が改易となったため、友山が瀬兵衛のことを成人になるまで養育したことを示していると思われる。

友山は十八歳になって武州に出て大道寺家と縁のある北条氏安房《あわ》守氏長の紹介で、三次藩《みよしはん》浅野因幡守長治宅に仮寓しながら北条氏長、山鹿素行、大原徳為、小幡景憲らに兵学を学び更に孔子の教えに深く傾倒していった。特に一六五七年（明暦三）の明暦の大火の後には、寛文図の測量に加わり、図面の作成に携わっている点は友山の活動として注目されるものである。その後の数年、友山に関する目立った記録は多くは見られないが、あまねく諸侯に遊説を重ねていったものと推測される。

一六九一年（元禄四）には、会津藩松平正容《まさかた》の客分となり内事、兵制、交通などの要事に関与したが、一七〇〇年（天禄十三）十二月に故あって正容に疎んぜられ追放された。しかし、その後和解したことは、会津藩校の『日新館志』巻之十四に述べられている。浪人して武蔵国岩淵に住んでいたこともあったが、一七一四年（正徳四）七月には、福井藩八代の主、松平吉邦に三十人扶持で召し抱えられたが自由に兵学の講義に出掛けたということである。この記録は福井県立図書館松平文庫の史料『諸士先祖之記』に記載されている。

一七三〇年（享保十五）、九十二歳の友山の生涯は、三代将軍徳川家光から始まって五代将軍綱吉までの間であったので若年からの兵法によって、武家の故実によく通じ藩政、家政の機微を知る巧者として、その博聞強記《はくぶんきょうき》とともに諸侯に珍重された。

『武道初心集』は武士の子弟たちに噛んで含めるように、その心がまえを優しく説いた書物であり、筆者である大道寺友山の言い知れぬ慈愛と国を思う熱気が行間から伝わってくる。本書では平易な現代語訳によって、現代にも通じる『武道初心集』の心を楽しみ、学んでいただければと思う。

真田氏松代藩と『武道初心集』
―「四十四條松代木版本」の刊行をめぐって―

海野　修

『武道初心集』はいかに普及したのか

言うまでもなく、『武道初心集』は名著である。江戸時代の武士の実情を伝える「古典」として今後も色あせることはないと思う。しかし、名著であるからといって、それがベストセラー的に読まれていたかどうかは別である。実際には、むしろ限られた少数の人が手にしていたものと思われる。その理由のひとつには、当時の出版事情があった。江戸期には、「版本《はんぽん》」と言って（「刊本《かんぽん》」、「摺本《すりほん》」等ともいう）木版刷《もくはんず》りで刊行されるものもあったが、それよりも筆字で書かれたものが圧倒的に多かった。これを「写本《しゃほん》」（手書きの本を意味するので注意。原〔元〕本であっても）というが（「書写本」、「書本《かきほん》」、「筆写本《ひっしゃほん》」等ともいう）、この「原〔元〕本」が次から次へと、人から人へと「伝写《でんしゃ》」されていったのである。そのため、書体、字の大きさ、レイアウト、用字など様々なバリエーションが生じることになる。書写と言う性格上、当然、誤字や脱字がある場合もあった。

二つの『武道初心集』

この諸本のふぞろいは、木版本の出版によってようやく統一される。一口に『武道初心集』といっても大きくは二系統があり、ひとつは筆字による「写本」、もうひとつは木版刷りによる「版本」である。両本の区別は、本文の條数によって、前者を「五十六條本」、後者を「四十四條本」とする。また、「五十六條本」を「写本」とし、「四十四條本」を「松代版《まつしろばん》」あるいは「木版《もくはん》」として区別する場合もある（以上、古川哲史校訂・岩波文庫『武道初心集』所収「校訂者の言葉」による）。本稿では、前者を「五十六條伝写本」、後者を「四十四條松代木版本」と新たに定義し、両本を含めて『武道初心集』と総称することにする。

「五十六條伝写本」と「四十四條松代木版本」の関係

これについては、既に古川が比較検討しているので詳述は避けるが、要約を示しておく。①『武道初心集』は、明治以降も度々活字本として出版されたが、そのどれもが「四十四條松代木版本」による。②「五十六條伝写本」（高田法古謄写本《のりもととうしゃぼん》）は、昭和十八年（一九四三）に前掲の古川哲史校訂・岩波文庫『武道初心集』刊行に際して初めて活字化（公開）された。③この高田法古謄写本の発見により、両本の比較検討が可能となった。④それによると、五十六條から四十四條に単純に縮約したのではなく、かなり意図的に編集がなされたことが見てとれる。⑤それは項目の削除や結合、大がかりな項目の並べ替えである。また、「五十六條伝写本」では逐条《ちくじょう》形式であるので、一《ひと》つ書《がき》で各項目が列記されていたのに対して、「四十四條松代木版本」では各項目に小見出しが付けられるようになる。

真田氏松代藩と『武道初心集』

「四十四條松代木版本」は、通称「松代版」として知られるが、これはこの刊行に信州松代藩士がかかわっていることによる。すなわち、扉には「松代　恩田氏開雕《かいちょう》」、序には「松城(代)鎌原《かんばら》貫忠識」、跋《ばつ》には「松代　小林徳方謹識」とある。当時恩田ならびに鎌原は松代藩家老、小林は松代藩儒者であり、「四十四條松代木版本」の刊行が、一見、松代藩をあげての事業であったかのようにも捉えることができる。例えば、古川は前掲書で「実に松代藩において成立したものであった」、「名前は恩田氏開雕の一私版にすぎないけれども、実質上は松代藩の公刊書とも見られ得る」、「『武道初心集』は松代藩の藩学史上看過することの出来ない重要文献となった」としている。

「四十四條松代木版本」は、藩版であったのか？

藩が主体となって出版することを「藩版《はんぱん》」という。藩校でのテキストとして使用される場合もある。それでは、三名もの松代藩士が名を連ねた「四十四條松代木版本」は、藩版と言えるのかどうか。単刀直入には、そのように断言することはできない。事実、松代藩校の文武学校（国史跡として現存）での教科書として使用された痕跡は今のところ確認されていない。また、松代藩の公的記録である「家老日記」やその他の藩庁の文書、藩士の日記等でも同様にして、管見では、『武道初心集』の記事を見出すことは出来ない。したがって、現在のところは、「四十四條松代木版本」を藩版と見なすことにはいささか無理がある。藩版と結論づけるに先立って、まずは、松代藩関係の史料に「武道初心集」

の語句を見つけ出す地道な作業が必要となる。

「四十四條松代木版本」刊行の経緯―跋にみる―

ここで、松代藩内の情勢からはひとまず離れる。目を「四十四條松代木版本」の内部に向けてみる。そこには、「四十四條松代木版本」刊行の経緯についての重要な情報が記されている。この点も古川が既に紹介しているが、確認しておこう。まず、小林の跋を要約する（一部意訳した部分もある）。①松代藩家老の恩田が『武道初心集』三巻を所蔵しており、これを私家版として刊行し藩内の子弟に与えようと企図していた。②しかし、そこでの言葉づかいが田舎びており、（そのままでは）人から侮《あなど》られ蔑《さげす》まれることを恐れたため、いまだ刊行できずにいた。③この原因は、「伝写による誤りがもたらしたものであるためか」と小林は考える。④書肆《しょし》の名山閣《めいざんかく》がこの事を知り、小林に請うには「私は、『武道初心集』という書名を聞いて広く世の中に探して長いのですが、いまだ得ることができません。願わくはこの出版を図って下さい」と。⑤小林はついに出版の運びを書肆に伝えた。⑥書肆は、木版をおこすのに際して字の訂正を小林に求めた。⑦そこで、小林は字体音訓を「古に就いて正す」としたが、「旧習に走らざるを得ず」ものもあった。⑧これは、もとより子弟の読みやすさを求めたものである。⑨しばらくして、版木が出来た。再びこれを読むと、彫った段階での誤謬も少なくはなかった。⑩しかし、「書〔本〕の価値は意味にあって、文字自体にはない。したがって、読者が内容の理解に害がなければ文字の間違いはたいしたことはないのである」と小林は念を押している。

跋より窺う『武道初心集』伝存のあり方

もしも、小林によるこの跋が、作為なく正しく当時の状況を伝えているとすれば、興味深い事実が浮かび上がってくる。それは、従来誰も指摘してこなかったのだが、「四十四條松代木版本」が出版されるまでは、『武道初心集』はなかなかにして手に取ることができなかったということである。その事は、当時有力な書肆であった江戸の名山閣ですらが、永らく探し求めていても得ることができなかったことに現れていた。それは、とりもなおさず、「四十四條松代木版本」刊行の天保五年(一八三四)当時でさえ「五十六條伝写本」は稀少であったことを意味する。したがって、江戸時代に『武道初心集』がどの程度世上に知られ、武士層に影響を与えたのかについても再考を要するであろう。このような事情を考慮すれば、高田法古謄写本が、昭和十八年(一九四三)になって、ようやくに活字化(岩波文庫に所収)されたこともうなずけるのである。

次に言える事は、表記の問題である。先に述べたが、書写という性格上、「伝写本」に様々なバリエーションが生じることは自然な成行きである。ここで重要なことは、単に書写の正確さいかんの問題ではなく、音訓の問題である。これがために「俚俗ニ近ク」、「人ノ侮慢シ易キ」ものになってしまっていた。このことは逆に考えれば、「写本をする主体(『武道初心集』の受容者)のレベルが、本文(テキスト)の書写そのものの形として反映する」とみることができるということである。また、方言に基づく表記の相違も現象するかもしれないのである。

実は、「五十六條伝写本」の書誌学的検討はいまだなされてはいない

以上述べたように、まずは、「五十六條伝写本」そのものの比較検討がなされなければならない。付言すれば、岩波文庫版所収の高田法古謄写の「五十六條伝写本」であるが、これ自体も検討の余地がある。まず気になるのは、高田法古が松代藩士であることである。したがって、彼が松代のなまり等から離れて、スタンダードな音訓に基づく、正確な謄写をしているのかどうか。また、そもそも、この本が、どの本を写したのかも明らかにはされていない。しかも、これが重要なのであるが、高田法古謄写の時期が文政十一年（一八二八）で、「四十四條松代木版本」刊行の天保五年（一八三四）のわずか六年前のことである。そうであれば、逆に、大道寺友山の原著（オリジナル）が世に出てからだいぶ年数がたっており、どの程度原著（オリジナル）を忠実に伝えているかも疑わしくなるのである。

以上が、『武道初心集』の流布《るふ》をめぐっての実情であるにもかかわらず、昭和十八年段階での古川哲史の見解が、今もって無批判に継承されてきたのである。『武道初心集』については、あらためて地道な書誌学的検証作業が必要であることを示しておく。

真田氏松代藩とは

このように、『武道初心集』の流布をめぐっては、まだまだ課題が残ることが明らかになった。話が後戻りするが、では、「藩版」とは断言できない以上、「四十四條松代木版本」刊行は、松代藩政と

は全く無縁のものであったのであろうか？　この点を述べる前に、ようやくにではあるが、真田氏松代藩についての概略を示しておく。

真田氏松代藩は、大坂夏の陣から七年後の元和八年（一六二二）に、それまで信州上田城主であった真田信之が、出羽鶴岡へ転封となった酒井忠勝のあとに入封して成立する。以後、幕末までの十代約二五〇年間松代藩領を治めた。この松代藩祖の信之は、父が昌幸、弟が信繁《のぶしげ》（幸村）で、真田家が東と西に別れて戦ったことはあまりにも有名である。彼は父や弟に較べると知名度は低いのであるが、彼もまたひとかどの武将であったことが伝えられている。軍功は勿論のこと、家を残すための状況判断や政治的手腕にも長けていた。また、その誠実な人柄は、徳川家康をはじめ、徳川重臣からも愛されていた。居城は、松代城（長野市松代町）で、これは川中島の戦いの際に築城された海津《かいづ》城が前身である。松代は北国街道の要衝《ようしょう》に位置し、近くには参拝者でにぎわう善光寺もひかえていた。また、領内には川中島などの肥沃《ひよく》な平野部を抱えており、本来は豊かな藩であった。ところが、度重なる幕府からの課役《かやく》に加え、享保二年（一七一七）の松代城下の大火や寛保二年（一七四二）の千曲川・犀川の大水害は領内に甚大な被害を与えた。このため、藩財政が極度に窮乏するのであるが、これに立ち向かったのが家老恩田木工民親《おんだもくたみちか》である。その活躍は『日暮硯《ひぐらしすずり》』で描かれている(古川は前掲書で『日暮硯』の著で知られる」とするが、誤認である)。その改革の成否については、議論の分かれるところではあるが、改革にあたっての精神はひろく世に知られている。

松代藩には、『武道初心集』受容の下地があった

この改革では、財政面に目が向かいがちであるが、実は『日暮硯』では、木工が文武二道を奨励したことも記されている。つまり、松代藩では、恩田木工の改革時から、「武士らしい武士のあり方」つまり、「武士道」が模索されていたのではないか。「四十四條松代木版本」の実質的な出版者である恩田は、この木工の曾孫《そうそん》（ひ孫）である事は単なる偶然ではないのである。

松代藩士と『武道初心集』

それでは、なぜこの時期に出版が行われたのか？　なぜ出版の主体が家老の恩田と鎌原なのか？　そして、両者が出版を企図した思惑とは？　松代藩士に与えた影響とは？……『武道初心集』の出版には、まだまだ謎が残る。これを解くには、松代藩政の展開における恩田らの立場を明確にしなければならないだろう。この核心については、新出史料の紹介とともに稿を改めて明らかにする予定である。

目次

凡例

一、原文は、高田法古謄写(一八二八年)を底本とする岩波文庫『武道初心集』(古川哲史校訂、一九四三年)を採用した。また、旧字体を新字体に改めた。

一、原文において意味が通りにくい箇所については、岩波文庫版の註記等を参考にし、文脈に即した形で現代語訳に反映させた。

一、原文には各項目に見出しが無いが、本書では各項目の冒頭を見出しとして代用した。

一、文中の行間に付した数字は註番号を示す。註は各項目の現代語訳文の後に掲載した。

武道初心集を知る

一

正月元日の朝雑煮の餅を祝ふとて箸を取初るより其年の大晦日の夕に至る迄日々夜々死を常に心にあつるを以本意の第一とは仕るにて候

武士という者は、正月元日の朝に雑煮の餅を祝うために初めて箸をとった時から、その年の大晦日の夜に至るまで、常に死を覚悟しておくことを、第一の本意とするべきである。常に死を覚悟していれば、忠孝の二つの道が果たされ、多くの悪事や災難からも逃れられるので、体は無病息災、長寿の望みも叶い、その上人柄もよくなる、というように、その徳は非常に多い。

人の命は、夕べの露、朝の霜に例えられるように、随分儚《はかな》いものとされている。中でも武士の命は殊更危なげなものである。ところが、人々はそれに気付かないふりをして、いつまでも長生きできると考えてしまう。そのため、主君に対する奉公や親への孝行もいつまでも末永く続けられると思いこみ、うっかり一大事を起こして、主君にきちんとした奉公もできず、親への孝行も粗略になってしまうのである。

今日はあっても明日は分からぬ身命であると覚悟していれば、主君への奉公も今日が最後、両親に仕えるのも今日限り、と思うようになる。主君の前に出てご用を承るのも、両親のお顔を拝見するのもこれで最後かもしれないとする心がけによって、主君、両親への思いも果たされるというものである。そのようにして、忠孝二つの道が成し遂げられるのである。

また、死を思わずに油断しているため、慎みの気持ちも持たずに人の気に障ることを口走って口論になってしまったり、聞き捨てておけばよいことでも気に障って文句を言ってしまったり、あるいは無益な物見遊山の人込みの中にふらっと出歩いて、その辺の馬鹿者に出会って喧嘩になり、命を落として主君の名前を汚し、親兄弟に難儀を負わせたりするのは、全て死を心に留めていないために起こる災難なのである。

死を常に心に留めていれば、人にものを言う時でも、人に返事をする時でも、武士であるからには一言一言が大切であると心得て、理由もなく口論などはしなくなる。もちろん、品の悪い怪しげな場所へは人に誘われてもいかないので、不慮の災難に遭遇することもなく、あらゆる悪事災難から逃れられるのである。

身分が高い者も低い者も、人は死を忘れてしまうために、いつでも過食、大酒、淫欲などの不養生をして、内蔵を患い若死をしてしまったり、生きていたとしても役立たずの病人になってしまったりするのである。死を常に心に留めておけば、年若く無病息災であっても、健康に留意して節度をもった飲食をし、色事も遠ざけた慎んだ生活を送るため、心身ともに壮健で無病息災、長寿も保たれるのである。

その上、死を遠くに感じていると、この世に末永くいられるものだと思い、色々な望みも湧いて欲深くもなり、人の物を欲しがる一方で自分の物は惜しがり、誰もが町人や百姓のような心根になってしまうのである。

死を常に心に留めている時は、この世を無益なものだと思うので、貪欲な心も自然と抑まり、欲しいとか惜しいといった気持ちもなくなるのが道理である。そのようなわけで、その人の人柄もよくなるというわけである。

ただし、死を心に留めているからといって、兼好法師[1]が『徒然草』に書いた心戒《しんかい》[2]という僧のように、四六時中死期を待って、うずくまっているのは、仏道修行としてはよいかもしれないが、武道の修行としては本意に適わないものである。死についてそのように考えてしまうと、主君、両親への忠孝の道も疎かになってしまい、武士としての家業も怠りがちになるので、非常によろしくないのである。昼夜を問わず公私にわたる用事を終わらせ、少し余裕ができて心が穏やかな時に、怠惰に過ごすことなく、「死」の一字を思い出して心に留めておきなさい、ということである。楠木正成公[3]が息子である正行《まさつら》に申し告げられた詞《ことば》にも、「常に死をならえ」とあると聞いている。

初心の武士の心得のために、件《くだん》のごとしである。

1 弘安六年（一二八三）〜文和元年／正平七年（一三五二）。兼好法師（卜部兼好）。鎌倉時代末期から南北朝時代にかけての歌人、随筆家。『徒然草』の著者であり、歌人としても勅撰集に十八首が収められている。
2 源有仁の子孫で平宗盛の猶子となり、俗名宗親といったが、平家滅亡後出家し、重源の弟子となり心戒と名乗ったという。『発心集』『平家物語』（延慶本）に逸話が見られる。
3 ?〜建武三年（一三三六）。鎌倉時代末期から南北朝時代にかけての武将。建武の新政を行った後醍醐天皇について南朝側の中心として活躍したが、湊川の戦で敗れ自害。忠臣とされる。

【原文】

　武士たらんものは正月元日の朝雑煮の餅を祝ふとて箸を取初るより其年の大晦日の夕に至る迄日々夜々死を常に心にあつるを以本意の第一とは仕るにて候。死をさへ常に心にあて候へば忠孝の二つの道にも相叶ひ万の悪事災難をも遁れ其身無病息災にして寿命長久に剰へ其人がら迄も宜く罷成其徳多き事に候。其子細を申に惣而人間の命をば夕べの露あしたの霜になぞらへ随分はかなき物に致し置候中にも殊更危きは武士の身命にて候を人々己が心すましにいつ迄も長生を仕る了簡なるに依て主君へも末長き御奉公親々への孝養も末久き義也と存るから事起りて主君へも不奉公を仕り親々への孝行も疎略には罷成にて候。今日有て明日を知ぬ身命とさへ覚悟仕り候にゐては主君へもけふを奉公の致しおさめ親へつかふるも今日を限りと思ふが故主君の御前へ罷出て御用を承るも親々の顔を見上るも是をかぎりと罷成事もやと存るごとくの心あひになるを以主親へも真実の思ひいれと不罷成しては不叶候。さるに依て忠孝のふたつの道にも相叶ふとは申にて候。扨又死を忘れて油断致す心より物につゝしみなく人の気にさはる事をも云て口論に及び聞すてに仕りて事済義をも聞とがめて物いひに仕なし或は無益なる遊山見物の場所人こみの中とある遠慮もなくありき廻りゐしれぬ馬鹿者などにも出合不慮の喧嘩に及び身命を果して主君の御名を出し親兄弟に難義を掛る事皆常に死を心にあてぬ油断より起る災也。死を常に心にあつる時は人に物をいふも人の物云返答を致すも武士の身にては一言の甲乙を大事と心得るを以て訳もなき口論などを不仕勿論むさと致したる場所へは人が誘ても行ざる故不慮の首尾に出合べき様も無之爰を以万の悪事災難をも遁るゝとは申也。高きも賤きも人は死を忘るゝ故に常に過食大酒淫乱等の不養生を致し脾腎の煩などを仕出し思ひの外なる若死をも致したとへ存命にても何の用に立ざるごとくの病者とは成果る也。死を常に心にあつる時は其身の年も若く無病息災也といへども兼て補養の心得を致し飲食を節に仕り色の道をも遠ざくるごとく嗜みつゝしむ故に其身も壮健也。扨こそ無病息災にて寿命迄も長久なりとは申にて候。其上死を遠く見る時は此世の逗留を永く存る心に付色々の望も出来欲心深く成て人の物といへばほしがり我物をばをしみ悉皆町人百姓の意地あひのごとくには罷成にて候。死を常に心にあつる時は此世の中をあぢきなく存るに付貪欲の心もおのづから薄くなりほしきをしきとあるむさき意地あひもさのみさし出ざる道理にて候。去に依て其人がら迄も宜く成とは申にて候。但し死をいかに心にあつればとて吉田の兼好がつれ〴〵草に書置たる心戒と申比丘がごとく二六時中死期を待心にていつもたゞうづくまりてのみ罷在ごとくなるは出家沙門の心に死をあつる修行にはいかんも候へ武者修行の本意には相叶ひ申さず候。左様に死をあて候ては主君親へ忠孝の道もすたり武士の家業も欠果申義なれば大によろしからず候。昼夜を限らず公私の諸用を仕廻しばらくも身の暇ある心静なる時は死の一字を思ひ出し懈怠なく心にあてよと申事にて候。楠正成が子息正行に申教し言葉にも常に死をならへと有之由承り伝る所也。初心の武士心得の為如件。

二

行住坐臥二六時中勝負の気を忘れず心におくを以肝要とは仕るにて候

武士という者は寝ても覚めても、いつでも勝負の気概を忘れずに心に留めておくことが肝要である。我が国は他国とは異なり、どれ程低い身分である町人や百姓、職人であっても、身分相応に脇指をそれぞれの腰に差している。それは、武士の国である日本の風俗であって、万代《ばんだい》不易《ふえき》[1]の定められた道であると言えよう。とはいえ、農工商の三民は、武道を家業とはしていない。

武家にあっては、末端の小者《こもの》、中間《ちゅうげん》、荒し子[2]に至るまで、常に脇指をその身から離してはならないというのが定められた作法である。ましてや士以上の身分の者は、少しの間でも腰に刀を差さずにいるのは許されない。そのようなわけで、心がけが優れた武士は、湯を浴びる時も、刃びき[3]や木刀などを用意して腰に差し、不意の戦いに備えているのである。自分の家に居る時でさえも以上のように心がけ、まして家を離れて他所にいくような時には、その道の途中や訪問先で、気違いや酔漢、またはいかなる馬鹿者に出会って、思いがけないことがあるかもしれない、と注意しておかなければならない。古人の詞《ことば》にも、「門を出るより敵を見るがごとく」などと言われている。

武士として腰に刀を差しているからには、少しの間でさえも勝負の気心を忘れてはならない。そのようにしていれば自然と死を覚悟する心境に通じるものである。腰に刀剣を指していても、勝負の心構えが常にできていない武士は、武士の皮をかぶっているだけで、町人や百姓と少しも変わるものではない。

初心の武士の心得として、件のごとしである。

1 いつまでも変わらないこと。永久に変わらないこと。

2 小者は江戸幕府の職名。武家の下級奉公人。中間の下にあって、主に走り使いなどの雑用に従事した。中間は江戸期では足軽、小者の間に位置する雑卒として幕府、諸藩の職制に組み込まれ、城門の警護や行列の供回りなどに使役された。荒し子は武家で主に力仕事を受け持つ身分の低い男子。雑兵、中間、小者などを指す場合もある。

3 刃を引き潰して、切れないようにした刀。

【原文】

　武士たらん者は行住坐臥二六時中勝負の気を忘れず心におくを以肝要とは仕るにて候。本朝の義は異国にかはりいか程軽き町人百姓職人躰の者なりとも似合相応にさび脇指の一腰づゝも相嗜み罷在候義は是日本武国の民の風俗にして万代不易の神道也。然りといへども三民の輩の義は武を家業と不仕候。武門におゐてはたとひ末々の小者中間夫あらし子の類ひに至る迄常に脇指をはなしてはならぬ作法に定る也。況や侍以上の輩としては即時が間も腰に刃物を絶しては罷成ざるごとく在之。去に依て心懸深き武士は常々湯をあび申所に迄も刃びき刀或は木刀などを用意致して指置候とあるも勝負の気を心掛置が故也。我家内にてさへも其心掛有之上はましてや私宅をはなれて他所へ罷越には往還の道すがら其行たる先に於ても気違ひ酒狂人又はいか様の馬鹿者に出合て不慮の仕合に及ぶごとくの義も有間敷にあらずとの心懸はなくて不叶候。古人の詞にも門を出るより敵を見るがごとくなど在之候。其身武士として腰に刀剣を帯るからは即時の間も勝負の気を忘べき様は無之。勝負の気を忘れざる時はおのづから死を心にあつるの実にも相叶ふ也。腰に刀剣をさしはさむといへ共勝負の気を常に心に置ざる侍は武士の皮をかぶりたる町人百姓に少も相替る義無之様子也。初心の武士心得の為仍如件。

三

三民の上に立て書をとる職分の義に有之候からは学文などをも致し広く物ごとの道理をも弁へ不申しては不叶義也

武士という者は、農工商の上に立つ身分であるので、学問に励んで広く物事の道理を弁《わきま》えていなければならない。

しかしながら、乱世の武士は十五、六歳にもなれば、初陣に出向いて一騎役などを務める必要があったので、十二、三歳になれば馬に乗り、槍を使い、弓を射、鉄砲を放ち、その他一切の武芸に手練していなければならなかった。そのため、見台《けんだい》に向かって書物を開き、机に向って筆を執る時間もなかったので、戦国時代には無学文盲で一文字も分からないような武士がいくらでもいたが、これは自らの心がけや親の教育が悪いからだと咎《とが》めるものではなく、武芸を第一に専念する必要があったからである。

昨今のような天下泰平の世に生まれた武士であっても、決して武道の心がけを粗末にしてよいということはないのだが、乱世の武士のように十五、六歳の頃から必ず戦場に立つという世の中でもないので、十歳余りの年齢になれば四書五経七書の素読や手習いをさせて、物事を書き覚えるようにと教育を施し、十五、六歳になれば体格も整い壮健になるので、弓、乗馬、その外の武芸一般を手練させることが泰平の世の武士の子育ての本意である。

乱世の武士ならば文盲も言い訳が立つが、泰平の世の武士であれば読み書きができないことに対して言い逃れできない。ただし、子供であれば幼少ゆえに咎めはせず、親の油断、準備不足と見なすべきである。つまり、その親が子供の愛し方を知らないのだということになる。

初心の武士の心得として、件のごとしである。

1 四書五経は儒教の経書の中で重要とされる書物の総称。四書は『論語』『大学』『中庸』『孟子』、五経は『易経』『詩経』『書経』『礼記』『春秋』、七書は中国の代表的な兵書である『孫子』『呉子』『司馬法』『尉繚子』『三略』『六韜』『李衛公問対』を指す。

【原文】

一　武士たらん者は三民の上に立て書をとる職分の義に有之候からは学文などをも致し広く物ごと

の道理をも弁へ不申しては不叶義也。然りといへども乱世の武士と申は生れて十五六歳にも罷成候へば必初陣に立て一騎役をも相勤申候義なれば十二三歳の年来にも成候へば馬に乗鎗をつかひ弓を射鉄砲を放し其外一切の武芸をも手練不致しては不叶義なれば見台に向ひて書物を開き机にもたれて筆を執べき身の暇とてはさのみ無之を以おのづから無学文盲にして一文字を引事さへならぬごとくの武士戦国にはいか程も有之候へ共あながち其身の不心掛共親々の教のあしき共可申様無之候は武道を専一とかせぐを以当用と仕るが故にて候。今天下静謐の世に生れ合たる武士とても武道の心掛を疎略に致して不苦と申にては無之候へ共乱世の武士のごとく十五六歳からは是非初陣に不立しては不叶と申ごとくの世間にても無之候へば十歳余りの年齢にも生立候におゐては四書五経七書等の文字読をも致させ手習をも仕りて物を書覚へ候様にと油断なく申教へ扨十五六歳にも罷成次第に身力も出来すこやかになるに随ひて弓射馬に乗習ひ其外一切の武芸をも手煉致させ候様に仕る義治世の武士子を育る本意たるべく候。右に申乱世の武士の文盲とあるには一通りの申わけも有之治世の武士の無筆文盲の申わけは立兼申義也。但子供の義は幼弱の年齢なればさしてとがむべき様も無候。偏に親々の油断不調法とならでは不被申候。畢竟子を愛するの道をしらざるが故也。初心の武士心得の為仍如件。

四

親へ孝養のつとめの厚きを以第一とは仕るにて候

武士という者は、親孝行を第一とすべきである。たとえ、利発で才覚が人に優れ、弁舌も立ち、器量よく生まれついたとしても、親不孝者であっては何の役にも立たない。なぜならば、武士道というのは様々なことの本末《もとすえ》を知り、正しい行いをすることが肝要だからである。物事の理解が浅くては義理を知ることはできず、義理を知らない者を武士とは呼べないのである。

さて、物事の本末を知るということに戻れば、両親は我が身の本《もと》であって、我が身は親の骨肉の末《すえ》と考えられる。親の末であるのに自分の方を立てようとする心持ちでいると問題が起こって、本である親を粗末に扱うようになるのである。これは物事の本末を弁《わきま》えないことによるものである。

また、親に孝行を尽くすにも二通りの道がある。

例えば、心立てが素直で子をよく愛し、教育にも熱心であり、その上人並み以上の困難な知行高[1]を得て、武具、馬具、家財道具に至るまで一つも欠けることなく、すばらしい嫁まで取り迎え、何不足なく家督を譲り与えてくれた上で、隠居の身となった親に対しては、その子供として並大抵の孝行を尽くすくらいでは褒めるに値しないのである。

赤の他人であっても、お互いの心を深く通わせ、自分の身の上や生活の苦労について親身になってくれる人に対しては、こちらの方でも大切に思いやり、たとえ自分のことを差し置いても、「その人のためであるならば」と思うくらいでなければならないのである。まして、慈愛の心深く、何もかも全て与えてくれた親であれば、子としてどれ程の孝行を尽くしても足りることはない。そのようなわけで、単なる普通の親孝行では感じ入るところもないのである。

それに対して、心立てが素直ではなく、老いの僻《ひが》みでくだらない理屈ばかりをこねている親が、家督を譲られていないために生活が楽ではない子供の厄介になるなら、その親は養ってもらうだけでも満足すべきであろう。にも関わらず、朝夕の食事や衣類についてもうるさく注文を付けて、他家の者に出会うたびに、「親不幸な倅《せがれ》を持ったので、老後に思いもよらない苦労をして、ほとほと迷惑している」などと触れ回り、自分の子供の外聞が悪くなっても何とも思わず、分別が付かなくなった親に対しても、尊敬し機嫌を取り、ひたすらに親の老衰を嘆き悲しみ、少しもなおざりにせず、誠の孝行を尽くすことを孝子の本意というのである。

このような気概のある武士は、主君に奉公する身になった場合でも、忠義の道をよく弁えるものである。その主君のご威勢が盛んである時は言うまでもなく、たとえ主君の身の上に不慮の事態が起き困難が降りかかった時でも真の忠信を尽くすものである。百騎の味方が十騎になり、十騎が一騎になっても決してお側を離れず、何度でも敵の矢面《やおもて》に立ちふさがり、命を省みない忠義を発揮するのである。

つまり、親と主、孝と忠というのは名称が変わるだけで、二種類の誠の心があるわけではない。そのようなわけで、古人の詞《ことば》にも、「忠臣は孝子の門にもとめよ」[2]とある。たとえ親に対しては不孝であっても、主君への忠節は格別であるなどという道理は決してない。我が身の本である親に孝を尽くすこともできない未熟な心で、天倫《てんりん》[3]ではない主君の恩義を感じて忠節を尽くせるわけがない。家では親不孝の子が、外に出て主君を得て奉公するならば、始めは主君に媚《こ》びへつらうのだが、少しでも落ち目になればすぐに手の平を返し、戦場においては逃亡したり、敵へ内通、降参したりする不義な行いに走るのが古今の例であり、それらは恥じて慎むべきものである。

初心の武士の心得として、件のごとしである。

1　知行は将軍、大名が家臣に棒給として土地の支配権を与えること。知行高は知行の石高を意味する。

2　『後漢書』列伝、韋彪に「事親孝故忠可移於君、是以求忠臣必於孝子之門」（親に事へて孝。故に忠、君へ移すべし、是を以て忠臣は必ず孝子の門を求めよ）とある。

3　自然に定まっている人と人の関係、秩序。親子、兄弟。

【原文】

武士たらんものは親へ孝養のつとめの厚きを以第一とは仕るにて候。たとへ其身の利発才覚人に勝れ弁舌明らかにして器量宜く生れ付候ても親へ不孝のものは何の用にも立不申候。子細を申に武士道は本末を知て正しく致すを以肝要と仕る事にて候。本末の弁へ薄くしては義理を可存様無之。義理を不知ものを武士とは難申候。扨本末を知と申に付ては親は我身の本にして我身は親の骨肉の末也。然るに其末たる我身を立るを以本意と存る心から事起りて根本たる親をば疎略に仕るにて候。是本末を弁へざる故也。且又親へ孝養を尽すにも二段の様子有之。たとへば其親の心だてすなをにして子を愛するの誠を以教養の心入厚く其上大躰人の取得がたきとある知行高に武具馬具家財等に至る迄事の欠る事もなくよろしき娵までとりむかへて何不足なき家督を譲り与へて隠居の身と成て引込たる親などへは其子として常大体の孝養を尽したる分にてはほめ所も感じ所も更に無之候。子細は一向の他人にてもあれ互の心入深く申合せて入魂致し我身上勝手向の事までも苦労に仕りてくるゝごとく成ものへは此方からも如在を致さずかげうしろにても大切に存入てたとへ手前の事を差置ても其人の用ならばと思ふごとくならでは不叶。況や我親として慈愛の心ふかく候て仕様仕形共に残る所もなき様子なるにおゐては其子の身にていか程孝養に力を尽し候とも是にて事足れりと存ずる義は無之筈に候。爰を以只尋常の孝行にては感じ所も無之とは申にて候。其親の心だてすなをならず剰老ひがみてくだらぬ理窟だて斗を申何を一色我家督と有てゆづりあたへたるにもあらず勝手不如意なる子共の厄介になりて養育をうくると有は満足なるべきを其弁へもなく朝夕の呑物食物衣類等に付ても種々のねだり事斗を申剰他所他門の者に出合ては倅めが不孝奴なれば老後に存よらぬ苦労を仕思召の外迷惑いたすなどゝ申ふれて我子の外聞を失ふをも何共不存ごとく分別相違致したる親をも親とあがまへ取にくき機嫌をとり偏に親の老衰をかなしみなげきて毛頭も如在を致さず孝養の誠を尽す如くなるを孝子の本意とは申にて候。如此の意地ある武士はたとひ主君をとり奉公の身と成候ても忠義の道をも能弁へるに付其主君の御威勢盛なる時は不及申たとひ御身上に不慮の義も出来御難義千万と在之節は猶以真忠を励し味方百騎が十騎に成十騎が一騎に成迄も御側を立離れず幾度といふ事もなく敵の矢おもてに立ふさがりて身命をかへり見ぬ如くなる軍忠をも不相勤しては不叶候。子細は親と主と孝と忠といふ名の替る迄にて心の信に二つは無之。去によつて古人の詞にも忠臣は孝子の門にもとめよと有之由也。たとへ親へこそ不孝に候共主君へ忠貞は格別也と申如くの義は決而無之道理に相きわまる也。己が身の根本たる親へさへ孝を尽す義の不成如くの未熟なる心を以天倫にあらざる主君の恩義を感じて忠節を尽す事の罷成べき子細とては更に無之候。家に在て親へ不孝の子は外へ出で主君を取奉公致すとても主君のゐりもとに目を付少にても左まへになり給ふとみては頓而志を変じつば際に成ては矢間をくゞり或は敵へ内通降参の不義を仕るとあるは古今の定まり事也。恥つゝしむべき所也。初心の武士心得の為仍如件。

五

義不義の二つをとくと其心に得徳仕り専ら義をつとめて不義の行跡をつゝしむべきとさへ覚悟仕り候へば武士道は立申にて候

武士という者は、義と不義についてしっかりと心得ておくことが大事であり、義に励んで不義の行いを慎むことを心がけてさえいれば、武士道と呼ばれるものが立ちゆくのである。

義と不義というものは善悪の二つであり、義は即ち善、不義は即ち悪である。

およそ人であれば善と悪、義と不義を分別できないことはないが、義を実践して善を進めることは窮屈で難儀に思われる。一方、不義を実践して悪をなすことは面白くて楽であるために、人は不義すなわち悪に流れがちで、義すなわち善に進むことを敬遠しがちである。

全くの馬鹿者で善と悪、義と不義の区別もできない者は論ずるに及ばないが、心の中では不義の悪事と思っていながらも、義理を違えて不義を行うのは、武士の覚悟に悖《もと》る残念なことである。そして、その根本たる原因は忍耐が欠けていることによる。忍耐が欠けていると言えば少しは聞こえがよいが、その根本を追究すると不義の原因は臆病であると分かる。そのようなわけで、武士は常に不義を慎み、義に従って行動することが肝要である。

加えて、義を実践することには、三つの区分がある。

例えば、友人と連れ立ってどこかへいくとする。その友人が、「百両の金を持ってきたのだが、懐中に入れて歩くのが大変なので、帰るまであなたに預けておく」と言ったので本来の受取人やその事情を知らないままに預かる。ところが、その友人が食中毒や卒中などの急病を患って死んでしまったとする。そうなると、先ほど友人から金を預けられたことは二人の他に誰も知らない。その際に、「全く気の毒なことだ」と痛ましく思う心の他には邪念もなく、預かった金を亡くなった友人の親類縁者へすぐに返す、そのような者こそ真に義を実践する人であると言えよう。

次に、先ほどの金の持ち主がただの知り合いで、それほど親しかったわけでもなく、その者から金を預けられたことを二人の他に誰も知らないならば、金について問い尋ねられることもないのである。そこで、「自分も家計が苦しいのでこれ幸い、わざわざ金のことを誰かに連絡しないでいても不都合はないだろう」などと邪念が湧いてくるのを思い返して、「何とも欲深い考えを起こしてしまったものだ」と、自身の心を省みて分別を付けて金を返す行為は、良心に恥じて義を実践する行為であると言えよう。

第三に、金を預かっていたことを妻子や召使いの中に一人でも知っている者がいた場合に、その者たちに知られているから、金を返さなければ後日お咎《とが》めのあることを心配して、その金を返すのは、「人に恥じて義を行う」と言うべきである。このような者は、金の件を誰にも知られていなければどうしただろうか、と少々心配になってしまう者ではあるが、だからといって「義を知って実践する人ではない」とは言い切れないのである。

そもそも、義を実践する修行の心得とは、妻子や使用人を始めとした親しい人の心に自分の行いがどう映るかを第一として恥じて慎み、そこから範囲を広げて他人の謗《そし》りや嘲《あざけ》りを恥じ入るようにして、不義を行わず義を行うようにするものである。そうすれば、自然と習慣となって、後には義に従うことを好み、不義を行うことを嫌う心になるのが必然である。

さて、また武勇の道においても、生まれ付きの勇者というのは、戦場に臨んで、どれほど矢や鉄砲のはげしい場所であってもひるむことなく、忠と義の二つを兼ね備えてその身を的のようにしてでも進んでいく。その勇気が形に表れているため、その振る舞いが何とも言えないほど見事だと評判になるのである。

人によっては、「何とも危険だが、どうしたものだろうか」と胸の鼓動《こどう》も高鳴り、膝も少しは震えるのだが、他の人がいくので自分一人いかないでいると、味方の目もあるため、後日誰からも口も効いてもらえなくなると思い、仕方なく先ほどの勇者と並んで進んでいく場合もある。そのような者は、生来の勇者と比べてみると遥かに劣るようではあるが、何度もそのような経験をして場慣れしてしまえば、いずれは肝も据《す》わり、生来の勇者に劣らない誉《ほま》れ高き武士となるのである。

そのようなわけで、義を実践して勇を励むためには、とにかく恥を知ること以外によい方法はない。人から、「不義な行いをしているな」と言われても、「何を言われようとたいしたことはない」と開き直って不義を行い、人から、「腰抜けな奴だ」と言われても、「笑うならば笑えばよい、たいしたことではないぞ」と言って臆病な振る舞いに走る者には、何を言っても仕方がない。

初心の武士の心得として、件のごとしである。

【原文】

一　武士たらんものは義不義の二つをとくと其心に得徳仕り専ら義をつとめて不義の行跡をつゝし

むべきとさへ覚悟仕り候へば武士道は立申にて候。義不義と申は善悪の二つにして義は即善不義は即悪也。およそ人として善悪義不義の弁への無と申事は無之候へ共人に義を行ひ善にすゝむ事は窮屈にして太儀に思はれ不義を行ひ悪をなす事は面白く心易きを以ひたすら不義悪事の方へのみながれて義を行ひ善にすゝむ事はいやに罷成事にて候。其身一向のうつけ者にて善悪義不義差別のわきまへも無之ものゝ事は論に不及既に己が心にも不義の悪事とある了簡をば仕りながら義理をちがへて不義を行ひ候とあるは武士の意地にあらず近頃未練の至り也。其本は物に堪忍情の薄きが故共可申候。堪忍情がうすきと申せば少は聞よき様に候へ共其根元を尋れば臆病のきざしより起が不義也と分別尤也。去に依て武士は常に不義をつゝしみ義に随ふを以肝要とは申にて候。且又義を行ふと申に付て三段の様子有之。たとへば我近付の者と同道して他所へ行事有。其つれの者百両の金子を持参致し来りて是を懐中致しありくも苦労に候間後刻罷帰候迄爰許に預け置度と申に付其金子を請取人の不存如く致し置て其者とつれ立参りたる先にて件のつれの老大食傷又は即中風などの急病を煩ひ出し即時に相果候如くの義有之時は右の金子を預けたる者も預りたる者も外に知たるものとては一人も無之義也。然るに扨も笑止なる仕合かなと痛ましく思ふ心より外には毛頭も邪念なく右預り置たる金子の義を其ものゝ親類縁者などへ申理り早速返し遣す如くなる是誠によく義を行ふ人と可申候。次に右の金主とても大躰の知人迄にてさのみ入魂と申あいさつにても無之預りたる金子の義を外に知たる者もなければ何方より問尋有べき事にもあらず折しも我手前も不如意なれば幸の義也是は沙汰なしに致し置ても苦しかるまじき物かと邪念の差出候を扨もむさき意地出たる物かなと我と我心を見限り急度分別を致しかへて件の金子を返すごとくなるは是を心に恥て義を行ふ人と可申候。扨又右の金子預り置候を妻子召仕の者の中に於て一人にても存たる者有之に付其者の思はくを恥後日の沙汰を憚りて其金を返すごとき是人を恥て義を行ふ人と可申候。如此なるは一向に知たる人さへなくば如何可有やと少は無心許様子ながら是も又義を知て行ふ人に非ずとは申がたし。惣而義を行ふ修行の心得と申は我妻子召仕を始め身にしたしき輩の心の下墨を第一に恥慎みそれより広く他人の誹り嘲りを恥入て不義をなさず義を行ふ如く致しつけ候へば自然とそれが心習と成て後々は義に随ふことを好み不義を行ふ事をいやに存るごとくの意地あひ心だてと可罷成候は必定也。扨又武勇の道におゐても戦場に臨み生得の勇者と申はいか程矢鉄砲の烈しき場所をも何共おもはず忠と義との二つにはまる其身を的になしてすゝみ行心の勇気は形にあらはるゝを以其ふりあひの美事さとかく被申ざるごとく有之もの也。又人によりては扨もあぶなき事哉是はいかゞ致してよからんと胸もとゞろき膝節も少はふるふといへ共人もゆけばこそ行中に一人ゆかずしては味方の諸人の見るめもあれば後日に至りて口のきかれぬ所也とて是非なく思ひ切て件の勇者と並びてすゝみ行ごとくなる者も有之。右申生得の勇者に合せては遙に劣りたる様に有之候得共此者とても幾度も左様の首尾手筈に出合て場をふみ重ね物馴候へば後々は心も定り生得の勇者にもさして劣る事なきごとくなる武備誉の剛の武士共不罷成しては不叶。然れば義を行ひ勇を励むとあるに付てはとかく恥を知と申より外の心得とては無之候由。人は不義共いへ大事なしと申て不義を行ひ扨も腰ぬけかなと申て笑はゞわらへ大事なしと云て臆病を働く如くなる者には何を申教べき様も無之候。初心の武士心得の為仍如件。

六

武士道の学文と申は内心に道を修し外かたちに法をたもつといふより外の義は無之候

武士道の学問は、内面に道を修め、外面は法による他はない。

心に道を修めるというのは、武士道、正義、正法の理《ことわり》に従って物事を取り計らい、少しでも不義や邪道の方へはいかないように心得ることである。これらについては聖人、賢人の経《けい》伝《でん》[1]に明るい人と親しくして詳細を学ぶのがよい。

また、法による、ということに関しては二法四段がある。二法とは常法と変法である。常法の中に士法と兵法があり、変法の中にも軍法と戦法があるので四段となる。

まず士法というのは、朝夕に手足を洗い風呂に入ってその身を清潔にし、毎日早朝に髪を結い、月代《さかやき》をきちんとして、時節に応じた礼服を着て、刀、脇差については言うに及ばず、たとえ寒中であっても腰に扇子《せんす》を離さないようにする。

客に応対する時には、相手の身分に従ってそれ相応の礼儀を尽くし、余計なおしゃべりを慎むようにして、たとえ一椀の飯を食べて一服の茶をするにつけても、その姿が下品にならぬように心がけ、気を抜いた振る舞いをしてはならない。

自分が奉公人であるならば、休日、休息の時であってもただ休んでいるのではなく、書を読み、物を覚え、故実や古法に至るまで心にかけて、行住坐臥《ぎょうじゅうざが》の立居作法も、「さすがは武士である」と言われるように気を配るべきである。

次に兵法についてである。士法については何も言うことがないほど優れていても、武士として兵具の取り扱いが未熟では、武士の本意にそぐわない。腰の刀を抜いて勝負することを兵法の最初とし、槍を使い、馬に乗り、弓を射、鉄砲を放ち、その他いかなる武芸をも好み稽古に励み、技術を極めて、その身の糧《かて》とするべきである。

以上のような士法と兵法の二段の修行に励みさえすれば、普段の生活においては何の不足もなく、人々の目に、「すばらしい武士、すばらしい家来であるな」と映るのである。

そうは言うものの、本来武士は日頃よりも変事において重要な役どころをもった身分である。変事とはすなわち世の騒動である。そのような時には、「甲冑《かっちゅう》礼なし」といい、日常の士法を脇に置いて、普段は主君、殿様と申し上げている方を大将として、家中の大小の侍を軍兵、士卒と呼び、上も下も礼服を脱ぎ捨て、身には甲冑をまとい手に兵杖《ひょうじょう》を携えて敵地に進む形を軍陣というのである。これに加えて、戦地での様々な方法のことを軍法といい、これらを知らない者を武士とは呼べないのである。

次に戦法というものは、敵味方が一戦を交えようとしている時の陣の立て方や人数の配分のことであり、これが適切であれば勝利し、誤っていれば敗北するものと決まっている。このような戦いの方法に関する教えや奥義、それを名付けて戦法という。これもまた知らなければ武士とは呼べないのである。変法に二段あるというのはこのことである。

以上の常法と変法、延べ四段の修行を成就した者を上級の侍とする。常法の二段を身に付けていれば一人前の役割を果たすことはできるが、変法の二段について知らなければ士大将や者《もの》頭《がしら》、物奉行《ものぶぎょう》[2]などの重い役目は務められないだろう。

これらをよく理解して武士としての勤めを果たすためには、士法と兵法については言うに及ばず、軍法や戦法の奥義に至るまで、完全に修得しようと修行に励み、「一度は上級の侍とならないではいられようか」と、修行を極められないとしてもその心がけを持つことが肝要である。

初心の武士の心得として、件のごとしである。

1　経書（聖人の教えや、宗教上の基本的な教えを書いた書物）とその注釈。
2　者頭は江戸時代の職制の一つで、弓組・鉄砲組などの足軽の頭。組頭、足軽頭とも呼ばれる。奉行も江戸時代の職制の一つで、政務分掌により公事を担当し執行する者。

【原文】

武士道の学文と申は内心に道を修し外かたちに法をたもつといふより外の義は無之候。心に道を修すると申は武士道正義正法の理にしたがひて事を取斗らひ毛頭も不義邪道の方へ赴かざるごとくと相心得る義也。猶又道の噂の委き事をば聖賢の経伝に明らかなる仁に出合て委細に学問尤に覚る。扨又形に法をたもつと申に付て二法四段の子細有之候。二法とは常法変法なり。常法の内に士法兵法あり。変法の内にも軍法戦法有て都合四段也。先士法と申は朝夕手足をも洗ひ湯風呂に入て其身を潔く持なし毎日早朝に髪をゆひ節々月額をも致し時節に応じたる礼服を着し刀脇指等の義は不及申たとひ寒中たり共腰に扇子を絶さず客対に及ぶ時は先の人の尊卑に随て相当の礼義を尽し無益の言語をつゝしみたとひ一椀の飯を食し一服の茶をすゝるに付ても其さま拙からざるやうにと油断なく是を嗜み其身奉公人ならば非番休息の透々には只居を致さず書をも読習ひ物をも書覚へ其外武家の古実古法に至る迄是を心にかけ行住坐臥の行義作法共に流石武士かなとみゆるごとく身を持なす義也。次に兵法と申はいかに士法におゐて申所は無之とても武士として兵具の取用ひ様に不錬練にしては本意にあらざる義なれば腰刀を抜ての勝負を致し覚ゆる義を以兵法の最初と致し或は鎗をつかひ馬に乗弓を射鉄砲を放し其外何によらず武芸とさへあれば数寄好て稽古仕り手錬を極めて其身の覚悟と致す義也。右士法兵法の二段の修行さへ相調候へば常法におゐては何の不足も無之候に付大躰の人の眼には扨もよき武士かなよき仕ひ料かなと見へ申也。然りといへ共もと武士は変の役人也。変とは世の騒動也。左様の砌は甲冑礼なしと申て日比の士法をばしばらくとり置常には御主君様殿様など申御方を御大将と申家中大小の侍共の義をば軍兵士卒などゝ呼び上も下も礼服をぬぎ捨て身には甲冑をまとひ手に兵仗を携へて敵地に進み向ふ様躰をさして軍陣と申候。是に付て種々の仕様仕方の習ある事を名付て軍法とは申也。是を不存しては叶ふべからず。次に戦法と申は敵味方出合て既に一戦に及ぶ刻味方備の立配り人数あつかひの致し様其図に当る時は勝利を得其致し方悪き時は勝利を失ひ敗北するは定り事なり。其仕様仕方に習口決あるを名付て戦法と云。是又不知しては不可叶。変法に二段有と云是也。右常法変法四段の修業成就の武士をさして上品の侍とは申にて候。常法の二つ斗相調ひ候ても一騎前のつとめにおゐては事済申義に候へ共変法の二段に心付薄くしては士大将者頭物奉行等の重き職役と成ては其用事たり兼可申候。爰の所を能く分別致しとても武士をたて罷在に付ては士法兵法の義はいふに及ばず軍法戦法の奥秘に至る迄是を修行致し及ばぬ迄も一度上品の士と不罷成しては差置間敷ものをとある心懸肝要の所也。初心の武士心付の為仍如件。

七

上古の武士の義は弓馬と申て大身小身共に弓射馬に乗事を以て武芸の最上と仕たる由也

昔は武士の道とは弓馬の道であり、身分に関わらず弓道と乗馬を以て武芸の最上としていた。現代の武士においては太刀《たち》[1]や槍の技術、そして馬術を肝要と心得て稽古に励むものである。その他にも弓、鉄砲、居合、柔術などの武芸についても、若年の武士は朝夕の努めとして習熟することが大切である。年をとってしまうと筋骨も弱くなり、何を習っても思う通りにはいかないものである。

特に小身《しょうしん》の武士[2]は乗馬をよく習い、たとえ欠点が多く手に負えない馬であっても、持て余すことなく乗りこなせるようになるべきである。なぜなら、乗り心地がよく、姿も美しい馬は世間にも稀《まれ》であり、たとえいたとしても、そのような馬は大身《たいしん》の武士の乗る馬となるもので、小身の武士の馬となることは滅多にないからである。馬術の能力が優れていれば、多くの欠点がある馬や、よい馬であるが癖が強くて人に馴れない馬を見つけて安く買い求め、乗りやすい馬に調教すれば、身分に過ぎる良い馬を所有したのと同じことなのである。

そもそも、馬の毛色や模様の欠点を細かく吟味するなどというのは大身の武士のすることであって、小身の武士は自分の好みに合わない毛色の馬であっても嫌がらず、模様に欠点があり人が欲しがらない馬であっても、馬自体がよければ買い求めて、自分の馬として飼い馴らすように心得るべきである。

昔、信州村上家[3]の侍大将に額岩寺《がくがんじ》[4]という三百騎を率いる弓矢合戦に巧みな武士がいた。自分の乗る馬にしろ家来の馬にしろ、他の人が忌み嫌う模様がある馬であっても、少しも嫌がらずに買い求めるような家風を育てていた。また、馬の稽古に馬場を使わずに、五十騎、百騎を連れて城下の広野へ向かい、額岩寺その人が真っ先に進んでいって、広野を縦横十文字に駆け回った。馬から落ちるかと思えばすぐまた飛び乗り、乗っては飛び降りるなど、自由自在に乗りこなす者をよい乗り手として褒め、乗りこなせない者を馬下手と見なしていたのである。

そのようなわけで、その時代に甲州武田信玄の家中において、「信州額岩寺のような敵に対しては、よくよく探りを入れて深重に扱うように」と言われていたのは、額岩寺にとって武道のおおいなる誉《ほま》れであったと言えよう。

また、武士が戦場で実際に乗る馬は、気性は中の上、丈は四尺一寸《ひとき》から三寸《みき》まで、頭の高さは中くらいで、後ろ脚の幅は中程度がよいとされている。ところが、乗り替える馬を所有できない身分の低い武士は、一頭だけの持ち馬であるのに、考えもなく気性が荒く大きな丈の馬を欲しがり、頭はどれだけ高くても満足せず、後ろ脚の幅は一間などと広いものを好み、前脚の筋を伸ばしたり、尾を伸びやかにするために切ったりして、生まれもつかない片輪の馬にしてしまったのに喜んでいるのは、全く武士道に反した浅薄な物好きである。

なぜなら、四肢の筋が伸びてしまった馬は、山の坂道を登る場合や、長時間の歩行、あるいは川を渡る時に、早い段階でくたびれてしまい、なかなか役に立たないからである。尾筋を切った馬は、溝や堀切《ほりきり》[5]などを越える時に決まって尻《しり》がい[6]が外れやすく、後ろ脚の幅が広過ぎる馬は細道を乗るのによくないと昔から言われているからである。

加えて、武士の身で馬に執心するのは、非常によいことではあるが、そうは言っても善悪の両面がある。

昔の武士が馬に執心していたのは、もし何か事変が起これば、武具を着けて旗指物《はたさしもの》を差すことで、身が重くなり歩行が困難になるため、戦場では馬がいなくてはどうにもならなかったからである。つまり、馬が両足の代りを務めているようなものだったのである。もしものことがあれば、それこそ馬に乗って先駆けをして軍忠を遂げることが第一であった。その上、馬に乗っている時に敵と出会えば、事と次第によっては馬も深手を負って命を落とすようなこともあった。そのようなわけで、動物とはいえ不憫と思い、念を入れて飼育して、心を配っていたのである。

それに比べて、今時の馬好き者は、十人に九人は他人が持て余しているような癖の強い馬を安く買い求めてそのひねくれた癖を直したり、田舎育ちの馬の中でよいと思う馬を見出しては乗り馴れるようにしたりして、その馬を調教するのである。それは、その馬を欲しがっている者がいれば高値で売り払うことを目的としており、馬好きと言われながらも良馬を自分のものにすることはない。そういった行為は馬喰《ばくろ》や中次《なかつぎ》[7]の心持ちと同じようなもので、馬好きでない者よりも全く劣るのである。

初心の武士の心得として、件のごとしである。

1　短小の刀に対して、長大な刀剣を総称していう。ここでは太刀と鞘で刀術を指す。

2　『武道初心集』では「小身の武士」（しょうしん。身分の低い人。禄高の少ない人）と「大身の武士」（たいしん。身分の高い人。高位・高禄の人）を対照的に用いている。

3 平安末期から戦国期にかけて信濃国を治めた豪族。戦国期に村上義清が甲斐国武田氏に追われ、信濃国から越後国へと逃れて衰退する。

4 戦国時代に活躍した北信濃の武将、村上義清の家臣である額岩寺光を指す。甲斐武田氏などから勇猛果敢な武士として恐れられていた。

5 地を掘って切り通した堀。

6 馬具の一つ。馬の尾の下から後輪のしおでにつなぐ紐。

7 馬喰、中次とも馬の売買、周旋をする人。

【原文】

上古の武士の義は弓馬と申て大身小身共に弓射馬に乗事を以て武芸の最上と仕たる由也。近代の武士の義は太刀鎗扨は馬術を肝要と仕心懸て稽古仕る如く有之候。其外弓鉄砲居合やわらなど申す万の武芸共に年若き武士は朝暮の務と致し習ひ覚るごとく尤也。年ふけ候ては筋骨も弱く成申に付て何を習ひ度と存候ても心にまかせぬものにて候。就中小身の武士は馬は能乗習ひたとひ無類の過物又は手を嫌ふ馬といへ共是をあまさぬごとく乗こなし申様に有度事にて候。子細を申に乗あひよくて馬形も宜き馬とあるは第一世間にまれ也。たとへ有に致しても大身武士の乗料となるを以小身武士の馬やにつなぐ事は成兼申候也。其身馬術にさへ達し候へば是はよき馬なれ共過物とか又はくせ抔有て人の手を嫌ふごとくの馬を見立て馬代下直に買求て乗料と致す時はいつとても身上に過たる馬斗持て罷有ごとく有之ものなり。惣じて馬の毛色毛疵を強く吟味致すとあるも大身武士の事にて小身の武士は我性に合ぬ毛色の馬をもいとはず毛疵有て人のいやがる馬をもさのみ嫌ふ事なく馬さへよくば求めてつなぐ心得尤也。昔信州村上家の侍大将に額岩寺と申て三百騎斗持て弓矢功者の武士あり。自分の乗料家中の馬共に世の人の大にいみ嫌ふ毛疵といへども少も忌嫌ふ事なく求めつなぐごとくの家風に致しなし家中の諸侍に馬場せめをさする事なく五十騎も百騎も城下の広野へ罷出額岩寺真先に進て原中を縦横十文字に馳廻るに馬より落るかと見れば其まゝ飛乗のるかと思へば且飛おりなど仕る義を自由に致すを以よき乗手と申てほめ不達者なるを馬下手と沙汰仕候作法也。去に依て其時代甲州武田信玄の家中におゐても信州額岩寺がごとくなる敵へは大物見必遠慮との取沙汰は額岩寺身に取て大きなる武道の誉也。且又武士の戦場へ乗る馬は中の上かんにしてたけは一寸より三寸迄頭持は中頭にてともは中のともとこそ申伝へ候処に乗替もたぬ小身武士の壱匹馬とある考もなく上かんにして大たけの馬をほしがり頭持はいか程もたかきにあかずともは一間ともなど申て何程も広きを悦び前をとらせんとてはうでの筋をのべ尾をさゝするとて尾筋をきり生れもつかぬかたわ馬となして悦び申とあるは悉皆武士道の本意におゐては不案内の不吟味より起る物数寄也。子細を申に四足の筋をのべたる馬は山坂へ懸り長途を乗或は川を渡す時に早く草臥て用に不立尾筋をのべたる馬は溝堀切などを乗越るに定りて尻がいはづれやすし。ともの広過たるは細道を乗るに宜からずと古来より申伝ふる所也。且又武士の身にて馬数寄を致すとあるは勝れてよき事にて候へ共是にも善悪のふたつ有之。子細を申に昔の武士の馬数寄を致したると申は若事の変も有之刻具足を着し指物をさし身重く成ては歩行の達者とてはならざるに付戦場のかけ引は馬に非ずしては不叶。然ば我両足のかはりを務る馬也。若もの事もあらば此馬に乗て先がけを致し軍忠をぬきんでべき也。其上馬上にて敵と出合勝負に臨む時は事の様子により馬も深手を負て命を落すごとくの儀も有まじきにあらず。然ば畜生ながらも不便の至りと思ふ心を以常の飼料なではたけにも念を入れ心を用ひたる事にて候。今時の馬数寄と申は十人が九人迄も人の持あぐみたるくせ馬などを下直に買求めて其曲を乗直し或は田舎だちの駒などを見出しては是を乗付手入を致して持立望むものさへあれば直段を高く売払を以本意と仕るに付いつとてもよき馬をつなぎ置事不罷成悉皆馬喰中次の意地合にひとしき様子なれば一向馬数寄をせぬには劣り也。初心の武士心得のため仍如件。

八

忠孝の二つの道はあながち武士の身の上斗にかぎりたる義にても無之農工商の三民の上におゐても父子主従の交りには忠孝の道を尽すより外の義は無之候

忠孝の二つの道は、あながち武士に限ったことではなく、農工商の身分においても、主従の関係にあっては忠孝の道を尽くすより他はない。

そうは言っても、百姓、職人、町人は普段の行儀作法を正すことを二の次にするところがある。例えば、子供や家人が親や主人と同席する時に、膝を組み、懐手《ふところで》をし、話をする時にも手を突くこともなく、座っている親や主人に対して立ちながら話すなど、万事につけて無礼や不作法があっても、主人や親を粗末に扱わず、大切に思って誠実に尽くすのならばそれでことが済む、というのが農工商の身分の忠孝である。

武士道においては、どれほど胸の内に忠孝の道を守っていても、形に表して礼儀を尽くさなければ忠孝の道を実践しているとは言えない。主君に対しては言うに及ばず、両親に対しても無礼でなおざりであるのは、武士道にはあるまじき行為である。主君、両親の目に付かないところでも、粗末な態度をとらずに、陰日向なく礼儀を重んじることが武士の忠孝なのである。

例えば、どこに宿泊することになったとしても主君のいらっしゃる方へ足を向けることなく、槍や長刀《なぎなた》を掛け置く際にも刃先を主君の方には指し向けないようにすることなどは忠孝の振る舞いと言えよう。また、主君についての噂を耳にする場合や、自分が主君について話をする時には、たとえその時寝転んでいても、すぐに起き上がり、居ずまいを正すといった行儀作法が武士としての心がけである。主君がいらっしゃる方角と知りながら足を向けたり、寝そべりながら主君の噂話をしたり、あるいは親から直筆の手紙をいただいても、拝見するといった気持ちもなく、あぐらを組んだり寝転びながら適当に見て、読んだ後には端の方に投げ捨て、終《しま》いにはその手紙を布巾替わりにして行燈の掃除をするように申し付けるなどというのは、後ろめたい行いであり、武士の忠孝を真に守る姿とは言えないものである。そのような心がけでいる者は、義理を知らず、親しい者と疎遠の者の区別もできない者である。

そのような者は、他家の者に出会った際に、自分の主人の家のよくないことを恥ずかしげもなく語り、親しげに近づいてくる者には赤の他人であっても、喜んで親兄弟の悪い噂を隠すことなく語って嘲笑し、誹謗《ひぼう》するのである。そうしている内に、いつか主人や親から罰を受け、大きな災いに出会うこととなり、武士の名利とは言えない死に方をするか、たとえ命を長らえたとしても生きている甲斐のない姿になってしまい、まともな生涯を送ることはできないと決まっている。

これについては、慶長の頃、福島左衛門大夫正則[1]の家来にいた可児才蔵《かにさいぞう》[2]という武勇で知られた侍のことを述べておこう。才蔵は足軽大将として、芸州広島の城内の黒金門《くろがねもん》を預かり、一日一夜の間ずっと詰めて番を勤めていた。年寄りであったので休息のため寝転んでいると、正則の側に仕えている小坊主が鶉《うずら》を持参して、「これは殿様のお獲りになった鳥ですが、あなた様にお与え下さいました」との旨を伝えた。すると、才蔵はこれを承るとそのまま起き上がり、傍《かたわ》らに脱いであった袴を着て本丸の方に向かってこの鶉をいただき、「御礼《おんれい》の義はただいま参上いたして申し上げます」と述べた。そして、「さて、お前は子供といえども大馬鹿者であるぞ。殿の御意《ぎょい》であるならば、なぜ最初から御意と申さず、寝ている時に殿の御意を申し上げるなどという無礼なことをしてくれたのだ。お前が子供でなければ処罰するところだが、まだ子供であることに免じて許してやるのだぞ」と強く叱った。すると、小僧は肝をつぶして逃げ帰り、このことを小姓《こしょう》[3]たちの間で語っていると、正則がこれを聞き付けて、例の小僧を呼び出し問いただすと、小僧は才蔵が言ったことを残らず申し上げた。すると正則は、「それはお前の不調法であって、才蔵が立腹するのはもっともである。芸備《げいび》両国[4]の侍が皆残らず才蔵のような心持ちでいて欲しいものである。そのようになれば、どんな望みも叶うであろうになあ」と仰ったということである。

初心の武士の心得のために、申し上げておく。

1 永禄四年（一五六一）～寛永元年（一六二四）。初め豊臣秀吉の家臣として山崎の戦いなどで軍功を挙げ二十四万石の所領を授かる。後に、徳川家康に付き関ヶ原の合戦での活躍によって、安芸広島・備後鞆四十九万八千二百石の大封を得る。家康の死後、広島城の無断改築に絡んで処罰され、信濃・越後国に四万五千石の改易となる。勇猛果敢な武将として知られる。

2 天文二十三年（一五五四）～慶長十八年（一六一三）。可児吉長。戦国期の武将。数々の武将に仕えたが、中でも福島正則に仕えて参戦した関ヶ原の戦いでの武功は有名。

3 武家の職名。武将の身辺に仕えて、諸処の雑用を果たした者。

4 安芸国、備後国（共に現在の広島県）の二国を指す。

【原文】

忠孝の二つの道はあながち武士の身の上斗にかぎりたる義にても無之農工商の三民の上におゐても父子主従の交りには忠孝の道を尽すより外の義は無之候。然りといへ共百姓職人町人などの上には平生の行儀作法を正すとある義を次に致したとへば人の子人の家人たる者が親と同座を致すとても膝を組ぬき入手を致し物をいふにも手をつく事もなく下に座して居る主親へ立ながら物を申其外万事に付無礼不作法なれ共それにはかまひなく主親を如在に致さず大切に思ふ心ざしの信をさへ尽し候へば事済申とあるは是三民の輩の忠孝也。武士道におゐてはたとひいか程心に忠孝の道を守り候ても形に礼儀を尽さずしては忠孝の道に全くかなひたるとは不被申候。但主君の御事は不及申親々へ対し候ても目の前におゐての慮外緩怠とあるごとくの義は武士道を立る程の者は可仕様も無之候。主親の目通りを離れ陰うしろにおゐても聊疎略を致す事なく陰日向なきを以武士の忠孝とは申にて候。たとへば何れの所に止宿致し寝臥を仕り候共主君の御座の方へは仮にも我足をさしむけず鎗長刀をかけ置にも切先をさしむけぬごとく仕り其外主君の御噂にかゝりたる義を耳に聞か又は我口より詞に出す時は寝ころび居ても起上り平座に居ても居直る如くの行義作法をこそ武士の本意とは申べきを主君の御座の方と存じながらもすねをさしむけふせりて居ながら主君の御噂を申出或は親の方より自筆の状手紙などを得ても是をいたゞきて拝見とある義もなく大ひざを組て居ながらもふせり披見をとげてかたはらへ投ほふり其状手紙にて行燈の掃除を申付る如くの義は是皆後くらき所存にして武士の忠孝の本心にあらず。左様なる心だての者は義理をしらず親疎の弁へなきが故也。他所他門の者に出合ては己が主人の家の宜からざる義をかぞへあげて演説仕或は一向他人にても我に念比らしくいひてくるゝ者さへあれば是を悦び親兄弟の悪き噂をもつゝまずもらさず語り出で嘲り誹謗仕るもの也。去によつていつぞの程には主親の罰を蒙り何ぞ大なるわざわひに出合武士の名利に尽たる死を致すかたとひ生ても生かひなき風情と成果るかいか様すなをにて生涯を送るとある義は決而無之道理也。是に付慶長の頃福島左衛門大夫政則家来に可児才蔵と申武勇の侍あり。足軽大将たるに依て芸州広島の城内くろ金門を預り一日一夜詰切の番所を勤るに其身極老の義なれば休息の為寝ころび居たる所へ政則の側に召仕ひ給ふ小坊主鷹の鶉を持参いたし是は殿様の御こぶしの鳥にて候間被遣候との御意の旨申述る。才蔵是を承り其まゝ起上り傍にぬぎ置たる袴を着し本丸の方へ向ひて是をいたゞき御礼の義は只今罷上りて可申上也扨おのれめはいかに倅なればとて大なるうつけ奴かな殿の御意ならば御意とは不申して身共に寝ながら殿の御意をばよくも聞せたりおのれ倅にてなくば仕形もあれ共小僧の義なれば其段はゆるすぞとて大にしかりければ小僧きもをつぶし急ぎ立帰りて児小姓の中にて右の次第を語るに付政則是を聞給ひて件の小僧を召出し被尋ければ才蔵が申ぶん不残申に付それは己が不調法なれば才蔵が立腹尤也芸備両国の侍共を残らず才蔵が心の如く致してほしき物かなそれにては何事もなるにと政則被申けるとなり。初心の武士心付の為仍如件。

九

主君を持奉公仕る武士は諸傍輩の身の上に悪事を見聞て陰噂を仕間敷とある嗜肝要也

主君を持って奉公している武士は、同僚たちの身上《みのうえ》についての悪い評判を見たり聞いたりしても陰口を叩かない、という心がけが肝要である。なぜなら、自分自身も聖人賢人ではないので、長年の間には、何かしら失敗や心得違いなどをしてしまうということを考えた上で、そのような遠慮、慎みを持った方がよいのである。

中でも、「その家の家老や年寄など諸侍の上役の立場にある武士は職禄共に重いものであるから、その人柄、知恵、才覚などもそれ相応であるのが当然であるのに、全くそうではないではないか」とする批判は、理屈が通っているように聞こえるが、実際は全くの見当違いである。

つまり、すでに天下を治めている将軍家の旗本で、加判老中《かはんろうじゅう》[1]などの役職に就いている者は、その時代の数多くの郡主、城主の中からその人柄を以て選ばれた者なのだから、すでにそのような重要な役職に就いている者の中にはそれほど劣った資質の者などはいないのである。

しかしながら、一国を治めている大名家に家老、年寄の役にふさわしいような侍は、俸禄につけ、家柄につけ、家中を探してもそう多くいるわけではない。そのため、人選するといっても容易ではなく、大抵は人並みの者の中でとりあえず家柄と俸禄によって選んで、「家老、年寄の列席に加えておけば、段々と物事の対処の仕方にも慣れ、年功も経て、後々には役職にふさわしくなるだろう」との主君のお考えで、その役職に任命されることもある。このような経緯で任命された家老、年寄であれば、役職に対して人柄が多少追い付いていないことがあっても不思議はない。そのようなわけであるのに、その不足分を何かと批判して誹《そし》り嘲《あざけ》るというのは心得違いの至りである。

なぜならば、草木でもよく花が咲き実も成る年もあれば、花も実も不出来な年もあるように、人間の場合でも同じで、親が利発であっても子供が少し足りなく生まれてしまう場合があり、その一方で子供の方が親よりも優れている場合もあるのが、古今の世の常だからである。

臣下の能力が足りるか足りないかは主君の目に見えないわけではないが、その者の先祖代々の忠義を思いやって、切り捨てることなく、その家柄によって重要な役職の列に加える。これは非常にもっともなことであり、家来としてはそれを頼もしくありがたいことだと思わなければならない。

したがって、家老や年寄から納得できないような不条理を言われて、「これは聞き捨てならない」と思っても、口答えなどは差し控えて、適当に応えておくべきなのである。

主君の仰ったことであれば、どれ程の無理であっても、少しの言い訳もしてはならない。また、主君の代わりである家老や年寄の言葉であれば、それは主君の御意《ぎょい》も同然である。しかし、そうは言っても、主人と臣下の違いはあるので、自分の考えについて慇懃《いんぎん》に言葉を和らげて申し述べることは正しい行いである。ただし、どれだけ自分の方が理に適っていても、家老や年寄に対して自分の考えを言葉に角を立てて言いたい放題に話すのは、主君に対しても大変な無礼に当たることだと理解しておくのが武士の正道である。

一方で、さまざまな雑事を行う用人などの役人は、血筋や家柄には関係なく、大勢の家臣の中からその人柄を以て選ばれているわけなので、才覚が劣っている者などはいないはずである。

そうは言っても、主君に目をかけられ、後々の将来を見越して、まだ若年であってもお側に仕える諸役を仰せ付けられている場合もある。そのような者の中には往々にして心得違いの者がいなくもないが、それを見咎めたり聞き咎めたりして、非難し誹り嘲ることもよろしくない。そのような場合には、「その者がどれほど利発に生まれついていても、若気の至りでことをうまくこなせないのだろう」と考えれば済むのである。

家老、年寄、用人[2]などの諸役人は、主君の目にかなって役目を仰せ付けられているのだから、その面々を悪く言うことは主君を誹るも同然である。その上、その人を頼らなければならない時には、機嫌を見て、手を突き、膝をかがめて、ただひたすら「お願いがございます」と言わなければならないこともある。そのような時に、いかに用事があろうとも、つい先ほどまで陰で誹り嘲っていたその口で「お願いがございます」などとは、武士たる者は決して口にはできない、との遠慮深い心がけを持たなければならないのである。

以上、初心の武士の心得のため、件のごとしである。

1　加判は公文書に花押を加える人を指す。時代によってその役職は異なるが、江戸期には老中がその役にあったため、加判老中とされている。

2　家老は武家の重臣で家政を主宰し家中を統率する者。江戸時代に一藩に数名がその役職にあった。年寄は武家で政務に預かる重臣。江戸幕府の老中、大名の家老などを指す。用人は江戸時代、幕府、大名、旗本家にあって、おおむね主君の身辺に居て日常生活一般の管理にあたり、家政を取り仕切る実務担当の文官を指す。

【原文】

主君を持奉公仕る武士は諸傍輩の身の上に悪事を見聞て陰嘩を仕間敷とある嗜肝要也。いかんとなれば我身とても聖人賢人にも無之義なれば多き月日を渡る内には何ぞに付て致損じ心得違なども有まじきにもあらず。なくてかなふべからずとある遠慮のつゝしみ也。就中其家の家老年寄などいはれて諸侍の座上をも仕る武士の義は職禄共に重き義なれば其人柄智恵才覚なども職禄相応に有之こそ可然義なるに一向左様無之などの批判は理窟の様に聞へても畢竟不理窟也。其子細を申に既に天下をもしろし召るゝ公方将軍家などの御旗本に於て加判の老中など申は其時代数多き郡主城主の中におゐて専ら其人がらを撰び被成ての義なれば既に加判の列に至り給ふ程の人の中にさのみ不器量とては無之積り也。国郡を領知ある大名方の家々に於ては家老年寄の役をも勤べきとあるごとくなる侍は禄に付筋目に付家中余多ある侍の中にも数多く無之ものにて候。去によりあながち其人柄をゑらび給ふとある義も被成難きに付大かた人なみに生れ付たるを幸に筋目と禄との二つを以て先家老年寄の列にも加へ置れ候はゞ連々と事にもなれ功もゆきて後々は御用にもたり可申かとある主君の思召を以其職役に住し置るゝごとくの義もなくては不叶候。左様なる家老年寄の義は其身の職役に合せてはちと不足の人がらも有べき事也。然るに其たらはぬ所を見習聞とがめて何かと批判致し誹り嘲り申とあるは不了簡の至りと可申候。子細は草木の類もよく花咲実のなる年もあり又花実共に不出来なる年も有之如く人間の上とても利発なる親の子にたらはぬ生れ付もあり又其子は親にましたる者も出来る事古今世の常也。主君の御目にもたり不足の見へさせ給はぬにては無之候得共其者の先祖代々の忠功を思召捨給はず家柄を以て重き職役の列になし置れるとあるは御尤の至り御家頼の身に取ては頼母敷難有不存して不可叶。然る上は左様なる家老年寄の口より聞へざる不理究などを申かけ是は聞捨には如何と存るごとくの義など有之候共存分を指控て能程にあいさつを致し差置べき也。子細は主君の義ならば何程の御無理を被仰と有ても一言の申わけにには不及義也。御口まねを被致候家老年寄の義なれば主君の御意も同然の義とは申ながら主と傍輩とのかわりあるを以て我おもはくの一通りをば成程いんぎんにことばを和らげて申述るとあるは尤也。いかに我方に理窟のあればとて家老年寄など申重き役人に対し言葉にかどをたて申度まゝを申とあるは主君へ対し奉り大きなる不礼也と分別仕るは武士の正義也。扨又時の用人抔申たぐひの役人の義はあながち筋目家柄とある御構もなく家中多き侍の中にて専ら其人柄の撰びを以被仰付義なれば事のたらぬ生れ付の者とては有之間敷道理也。然共主君の御意叶ひたる者なれば連々を以御つかひ立可被成とある御奥意を以未年齢微若の者にも御側向諸事の御用等被仰付被指置ごとくの義も有之也。左様の者の上には間々心得違不念不沙汰の義も有間敷にあらず。それを見とがめ聞咎て難非をあげそしりあざけるとあるも宜からず候。何程其身利発なる生れ付にても事のたらはぬは若気故の義也とさへ了簡仕れば申済申義也。惣而家老年寄用人など申たぐひの諸役人の義は主君の御目がねを以被仰付事にて候へばその面々の義を悪く申時は主君を誹り申も同然の義也。其上何ぞに付て其人をたのまずしては不叶ごとくの用事などある時は機嫌を見合手をつかね膝をかゞめ偏に頼入存るなどゝいはねばならぬ事も有間敷に非ず。只今までは陰うしろにおゐてそしりあざけりたる口をすぼめていかに用があればとて武士たるものゝ口より申出されたる義にては有間敷との遠慮なくては不叶候。初心の武士心得の為如件。

十

大身小身共に武士の役義と申は陣普請両役也

身分に関わらず、武士の本来の役目は戦陣と普請《ふしん》[1]の二つである。

戦国の時代においては、明けても暮れてもこちらの陣、あちらの軍といったような具合で、一日たりとも、武士とは身が安まらないものであった。

戦といえば、普請がつきものであり、こちらの要塞、あちらの堀切り、さらに砦、戦場の臨時の城、国境の出城《でじろ》などについて、昼夜を問わない急ぎの普請が必要であって、身分に関わらずその骨折りや辛労は大変なものであった。

泰平の世においては、戦陣がないので付随する普請もない。そのため、武将の下にいる侍たちに番役《ばんやく》、供役《ともやく》、使役《つかいやく》[2]、その他の役が定められ、それぞれの務めを与えられているので、それを武士の本来の任務と心得るようになってしまい、肝心な戦陣や普請などの役目を夢にも思い出すことはない。そのため、まれに幕府が行う普請の手伝いの命が主君に下され、物入りが多くなり、家中の諸侍にも費用の割り当てがまわってくると、「どうして出さなくても済む出費をしなくてはならないのだろうか」というような愚痴をもらすのは、武士の役目として戦陣と普請がどれだけ重要であるかを弁《わきま》えていないことからくる不心得である。

さて、通常の番役、供役、使役といった当然の役目を務める際に、自分の本来の当番を務めることすら大儀なことと考え、たいした病気でもないのに欠勤を願い出て同僚たちに助けてもらい、人に苦労をかけながらそれを何とも思わない者がいる。また、旅の使いを命じられた際には、旅費の物入りや道中の苦労を嫌がり、仮病を使ってその出費や労苦を人に押し付けてその場を逃れ、その後出勤した際に同僚たちに軽蔑されても何とも思わない者もいる。それどころか近くへのお使いであっても、一日に二度外出することになるとか、風雨が激しいから嫌だなどと、友人や同僚の前で遠慮なく愚痴を言いながら、どのみち骨を折ることで根性のくさった仕事ぶりを見せる者など、皆全て武士の皮をかぶった小者《こもの》やら中間《ちゅうげん》と同じような者である。

たとえ、どれほど大変な勤めといっても、畳の上の勤務や近所への使いなどは気楽な役目である。その理由を述べれば、戦国の世に生まれた武士は、いつでも戦場に参上して、夏の炎天下でも甲冑《かっちゅう》の上から照り付けられ、冬の寒風にあっては甲冑の下の肌を吹き通され、非常に難儀な思いをしたものだが、その暑寒を逃れ凌《しの》ぐ方法もなく、雨にうたれ雪をかぶり、山道でも鎧《よろい》の袖を寝具とし、食事といっても黒い米飯と塩汁より他にはなく、陣や城の攻撃あるいは籠城《ろうじょう》などの難儀、労苦も並大抵ではなかったからである。

それを考えれば、泰平の世の番役、供役、使役などというものは全く気楽なものである。そうであれば、「このような簡単な務めさえも果たせないような心がけでは、はたして軍行の苦しみを耐え忍ぶことなどはできるのか」と心ある武士に軽蔑されまいか、と恥じ入るのが武士の道理であろう。

武門に生を受けた身であるからには、昼夜いつでも甲冑を離さず、山野海岸を住家としなければならないところ、天下静謐《せいひつ》の時代に生まれたことで、身分の高い者も低い者も、夏は蚊帳《かや》をつり、冬は夜具布団にくるまって、朝夕好きなものを食べて安楽に暮していられることを大きな幸運に恵まれていると考えるべきであって、座敷の内での番役やら近所への供役、使役などを大変である、などと思ってはならないのである。

以上の事柄に関して、甲州武田信玄の家老中で弓矢巧者と呼ばれた馬場美濃《ばばみの》[3]という侍は「戦場常在」という四文字を書いて、壁に懸け置いて日頃の教訓としていた、という話がある。

初心の武士の心得のため、件のごとしである。

1 築城の際の土木工事をいう。室町時代から江戸中期にかけて建築工事（作事）と区別していった。
2 江戸幕府及び諸藩の職名。その由来は戦国時代において、戦場において伝令や監察、敵軍への使者などを務めた役職である。
3 ?～天正三年（一五七五）。馬場晴信。戦国時代の武将。甲斐武田四名臣の一人。武田信虎、信玄、勝頼に仕える。数々の合戦で武功をあげるが、織田軍との長篠の合戦で戦死。

【原文】

大身小身共に武士の役義と申は陣普請両役也。天下戦国の時は明ても暮ても爰の陣彼所の軍と有て一日たり共武士としては身を安く置事は不罷成。陣とさへ申せば普請は附合にて爰の要害かしこの堀きり扨は取手陣城付城抔と申て昼夜を限らぬ急ぎの普請に上下の骨折辛労とあるは浅からざる義也。治世におゐては陣と云事なければそれに随て普請もなし。去に依て武将の下大小の侍に番役供役使役等其外役々を被定諸人唯おり役のつとめをさせ被指置候を是が武士の役義ぞと心得肝要の役儀たる陣普請の両役の義をば暁の夢にも思ひ出さずたまさかにも公儀御普請の御手伝など在之義を承主君へ被仰付候て物入多きを以家中大小の諸侍へも割付になり少宛も出金など有之時は何ぞ出すまじき物を出すがごとく悔みつぶやき申とあるは畢竟武士の役義におゐての肝要は陣普請にあるを弁へざる不心懸より起る也。扨常式の番役供役使役の義も我当り前の本番を勤る儀をさへ大きなる難義と心得させる病気と申にても無之にも出勤断を申立て同役相番へ助を頼み人に苦労を懸る義をば何共不存或は旅がけの使には路銀の物入道中の骨折を厭て作病を起し其物入苦労を人に譲り其場を遁れては頓而出勤いたし諸傍輩の下墨を憚る事もなく其外間近き所の供使といへ共日の中に二度共出るか又は風雨など烈しき時は友傍輩の聞前にて遠慮もなくはかにも立ぬよまひ事などを申とても骨を折ながら意地むさき勤方を仕るとあるは悉皆侍の皮をかぶりたる小もの中間にひとしき様子也。たとへ何程はげしき勤たりといふ共畳の上の勤番程近き所の供出に走り廻り候程の義はいと心易き義也。子細を申に戦国に生れ合たる武士は毎度軍に罷立夏の炎天にも具足の上よりほし付られ冬の寒風には具足肌を吹通され難義千万也といへ共其あつきさむきを遁れ凌ぐべき仕かたも無之雨にうたれ雪をかぶりて山にも道にも鐙の袖を敷寝に仕り剰へのみ喰物とても黒米飯塩汁より外には給物も無之仕合にて或は対陣城攻或は籠城等の辛苦を仕るとあるは難義共苦労共只尋常の事にては有べからず。爰を以て存る時は治世の番役供役使役と有は申ても心やすき義也。然るに其やすき勤をさへつとめ兼る心にては軍旅のくるしみをたへ忍ぶ義は如何有之べきやと心ある武士の下墨思ふ所も恥かしき事ならずや。武門に生をうけたる身には昼夜甲冑をはなさず山野海岸を住家共不仕しては不叶儀なるに天下静謐の時代に生れ合たるが故に高きも卑きも夏は蚊帳をたれ冬は夜着蒲団にまかれ朝夕好み喰を致して安楽に渡世仕るとあるは大なる仕合かなとさへ覚悟致し候て座敷の内の番役近所の供役使役などの苦労太義に思はれべき道理とては無之候。是に付甲州武田信玄の家老中にて別而弓矢功者と名を呼れし馬場美濃と申たる侍は戦場常在と申四文字を書て壁間に懸置て平生の受用と仕候由申伝る所也。初心の武士心得の為仍如件。

二一

昔より出家侍と申ならはし候はいか成子細を以の義に被成と分別致し見候へば実も相似寄たる様子も有之候

昔から「出家と侍」との言い慣わしがある理由を考えてみたところ、なるほど出家と侍には実によく似ているところがあると思われる。

例えば、禅家において、何々の蔵主《ぞうす》や何々の首座《しゅそ》[1]というような名前を付けるのは一般の僧であって、武家では末端の平侍と同格である。

次に、単寮《たんりょう》や西堂《せいどう》[2]と呼ばれる者は、武家においては目付《めつけ》[3]や使役《つかいやく》などの組頭、あるいは徒行《かち》頭《がしら》などの諸役と等しい者である。

同じ出家僧であっても、色付きの法衣を身にまとい、手に払子《ほっす》や竹篦《しっぺい》[4]を持って、大勢の僧侶や民衆に説法するほどの者を長老、和尚というが、これは武家においては自分の家の指物《さしもの》を差し羽織を付け采配などを許され、士卒を引き連れて軍の指揮を執る役所《やくどころ》で、士大将や足軽大将または弓矢の六奉行と呼ばれる武士と同程度の位である。

これらを踏まえて考えると、釈門の気風も武門のしきたりとよく似たところがあるので、「出家と侍」との言い慣わしがあるのではなかろうか。

ただし、学問修行のあり方を見れば、修行中の仏門の者と比べ、修行中の武士の勤行は遥かに劣っているのである。

詳しく言えば、釈門のしきたりでは、まだ平の身分の僧である内に師匠のもとを離れて諸寺諸山を遍歴し、多くの学僧や名僧に教えを受け、座禅の功を積み、たとえ単寮や西堂、または長老、和尚となって本寺、本山の住職を務める身となっても、少しも恥ずかしくないように学問を究めて出世の時を待つものであり、これが最上の修行の方法なのである。

武家においても同様でありたいところだが、役職のない平の侍で、末端の部署に奉公している者の中には、親の跡や隠居後の家督を譲り受け、相当の禄もあり、衣食住に何の不足もないので、まだ若輩者でありながらも妻子を持ち、朝寝昼寝をして、侍の日課とも言える武芸の修行さえ励むところがなく、まして軍法や戦法は考えもしない。そのようにして、毎日のらくらと年月を送っていると、髭白髪も生えて、額も禿げ、年相応な年齢となると、欠員がある時にはお役に選ばれることもあるが、例えば使番《つかいばん》などの軽い役職であっても早い段階でいき詰まり、同僚の助けで何とか務められるような状況であって、遠国への使いなどの時にはたちまち困り果て、旅の支度に先輩や同僚のもとに通い、勤務の教えを受け、または古来の覚書などを借りて何とか任務を務め上げて物事を済ますということもあるが、それはただ幸いに難を逃れたということであり、役務の本道を果たしたとはとても言えない。

武家の役職には限りがあるので、まだ何の役にも就いていない平の侍で、毎日を何となく過ごしている内であっても、主君のお考え方次第でいつどのような役を受けるかは分からないと覚悟して、様々な役職について思いを巡らし、縁者親類の中にそれらの役職について詳しい者がいるならば、顔を合わせる機会があれば無駄な雑談などはせず、参考になるようなことを何度も尋ねて詳細を聞き覚えておくのがよい。加えて、古い覚書や絵図なども、当分の間は必要がなくても、借り集めて目を通したり、書き写したりしておけば、その役の務め方の大筋が分かるので、いつどのような役職に当てられても安心してお受けできるのである。

先輩や同僚に教えを乞い、助けを受けられるのは、平時だからこそである。万一、世の変動に当たって差し迫った事態となった場合、他人を頼ることも、面倒を見てもらうこともできなくなるので、よくも悪くも自分自身で解決しなければならない。

中でも軍中の使番は、兵士の人数の多少や陣立ての善し悪し、城の堅固さ、あるいは地形の有利と不利、合戦の勝敗の見極めまで、よく理解していなければ務まらない。そのようなわけで、使役という役職は昔から難しいものとされている。しかしながら、使役であれば敵の動静を探り損ねたとしても、大抵は自分一人の落ち度とするだけでことが済むものである。

一方、足軽大将より上位の役職となり、采配を振るい、大勢を動かして、合戦の指揮を執る者は重職と言えよう。その訳は、手腕の優れた者が人を討ち、手腕の劣る者が討たれるというのが、古今を問わず、戦場での定めであり、味方の生死が手腕に関わっているからである。それを弁《わきま》えずに、なまじっか采配を許された役であることに驕《おご》り高《たか》ぶり、兵士たちの上に立つということは、以ての外であり、不届きの始末というものである。

これを禅僧に照らし合わせてみれば、平僧の頃に朝寝昼寝をして宗旨の学問を怠っていたものの、頭の禿げるような出世の年頃になったのをよいことに、長老、和尚の位に上って、身に色付きの法衣をまとい、手に払子を握り、多くの僧侶や民衆に説法をするようなものである。ただし、このような堕落坊主というのは、正式な法座に臨んだ際に何かの不都合があっても、一同の物笑いとなりその身一人で赤恥をかいて引っ込めば済むだけで、その他の人々に被害を与えるというわけではない。

武家においては、士大将や者頭、物奉行などの、仏門でいえば和尚役を務める武士が、采配を誤り軍勢の動かし方を失敗した時は、合戦での勝利を失うこととなり、味方の生命に関わるような非常に大きな被害をもたらすものである。

以上のことをよく理解し武家の修行に励むとするなら、役職に就いていない平侍でまだ暇がある内から、武芸の鍛錬は言うに及ばず、軍法や戦法の修行までも心にかけて極めるべきである。さらに、他の役職に就いている者も、たとえ采配を執るほどの高い職分を仰せ付かっても、役目が務まらないようなことがないように、学問修行を積んでおくのが肝要である。

初心の武士の心得として、件のごとしである。

1　蔵主は禅宗で、経蔵をつかさどる僧の役職。首座は禅寺で修行僧の中で第一席にある人。住持の次席。しゅざ。
2　単寮は禅寺で、一人で住む寮舎、またその人をいう。知事などの職を退いたもの、その他西堂、首座などは単独で一寮に住むことを許される。西堂は、禅宗寺院でその寺院の先代住職を東堂と呼ぶのに対して、他の寺院の前住職を呼ぶ語。他の寺院からやってきた禅僧に対する敬称。最高の賓客の意。
3　武家社会における職制の一つ。江戸期では主君の意を受けて同僚の非違を探索・報告する監察官の呼称となる。
4　払子は、獣毛や麻などを束ねて柄をつけたもの。僧が説法などで威儀を正すために用いる仏具。竹篦は、禅宗で修行者を打って戒めるのに使う具。割った竹に漆を塗った細長い板のようなもの。

【原文】

昔より出家侍と申ならはし候はいか成子細を以の義に被成と分別致し見候へば実も相似寄たる様子も有之候。たとへば禅家におゐて何蔵主何首座抔とある名を付たるは是皆平僧にて武家にとりては外様組付の平士と同格也。次に一段品をかへ単寮西堂など申は武家におゐて目付使役侍の組頭或は徒行頭等の諸役者にひとしきもの也。扨又同じ出家ながらも色衣の法服を身にまとひ手に払子しつぺいを持て大勢の大衆を接得被致候を長老和尚と申候は武家におゐては自分指物をさし或は羽織采配などをゆるされて士卒を引廻し軍の下知をなす役人を名付て士大将足軽大将扨は弓矢の六奉行など申武士に同じき様子也。右の次第を以考へ候へば釈門の家風も武門の作法と相似たる所有之を以出家侍とは申歟にて候。但学問の勤方におゐては釈門の同宿共の勤方に合せては武家の同宿の勤方は遙に劣りて覚へ候。其子細を申に釈門の作法はいまだ平僧にて罷在候内に師匠の手前をはなれ諸寺諸山を遍歴仕り余多の学匠明師にも出会参禅参得の功を積たとへ単寮西堂又は長老和尚に経上り本寺本山の住職を務る身と罷成ても少も恥かしからぬごとくに学問を致しきわめて出世の時の至るを相待罷在と申は尤至極なる修行の致方と可申候。武家におゐても左様にこそ有たき事に候へ共武家の同宿の義は無役の平士にて外様奉公仕隙にて罷在候者も親の跡式或は隠居跡の家督を譲り似合相当の禄も有之に付衣食住の三つに付何の不足も無之いまだ年若き者も妻子を持朝寝昼寝を業と致し士の常法たる兵法をさへ学び勤る義を致さぬからはましてや手遠なる軍法戦法など申儀には思懸もなくて一日ぬらりに年月を送る内にそろ〱ひげ白毛もおひ出ひたゐ口もはげ上りていか様尤らしき年齢にみゆるを以役ぬけの撰挙に預りたとへば使番など申軽き役義に成ても早当座から行あたり同役仲間の介抱を以とやかくと相勤罷在内に何ぞむつかしき遠国使など在之時は俄に胸をつき旅行の支度に取まぜて先輩同役のもとへ通ひ勤労の口伝を受古来の控覚書などを借用して漸其場所を勤て事をすますとあるは幸にして免れたると申物にて本道の事とは不被申候。子細を申に武家の諸役儀と申も大かた限り有儀なれば其身無役の平士にて明暮只居のみを致して罷在内にいつ何時如何様の役儀を可相付も主君の思召ははかりしれぬ儀也と覚悟を致し諸役義の勤方を連々心に懸我縁者親類の中に役儀馴たる功者など有之候て参会の序ごとには無益の雑談を相止以来の心付にも可罷成かと思ひ寄たる事共をば幾度も問尋て委細に聞覚へ或は古き控覚書絵図等の義もたとへ当分は入用無之共かり集て披見いたし又は写置如く仕り其役義の勤方の大筋目を呑込居申候へば何時何役に成ても安き道理にて候。其上先輩同役などに便りて事を習ひ介抱に預りて事を済すとあるも常式の時の儀也。万一世の変に至りしかも事の急成に臨み候ては人の功者をたのみ介抱引廻しに預る事はならざるに付能もあしくも我ひとり分別にて埒を明るより外は無之候。就中軍中の使番など申は人数の多少陣取備立の善悪城の堅固不堅固或は地形の利不利合戦勝負の見切迄をも相心得ずしては不叶。去に依て軍使役の儀は古来むつかしき様に申習し候。然共使役の義はたとひ我が物見などの致し様に相違の義有之候ても多分は其身一人の不覚越度にて事済申候。既足軽大将より上の役儀に備はり采拝を取て人数を引廻し合戦の配統を握るとあるは至て重き職役也。其子細を申に勝手前は人を討負る手前は人に討るゝとあるは古今戦法の定り事也。然ば味方諸勢の死生に懸り申候。然るに其勘弁なくなまじひに采拝免許の役義とあるに高ぶりて諸士の座上を濆し候は沙汰の限り不届の仕合に候。禅僧などの上にて平僧の時分朝寝昼寝を勤と致して宗旨の学問に怠り出世の年らう至りあたまのはげたる種を以長老和尚に経上り身に色衣をまとひ手に払子などを握り余多の大衆を接得いたすにひとしき様子也。但右のまいす和尚の義ははれなる法席に臨みて何ぞ不埒あれば大衆一同の物笑ひとなり其身一人赤恥をかきて引込申斗の事にて其下の大衆へ懸る難義とては無之候。それとは違ひ武家におゐて士大将者頭物奉行など申和尚役を務る武士采拝をふり損じ人数の引廻し様あしき時は合戦迫合に勝利を失を以味方士卒の身命の障りに罷成其害をなす事おほゐ也。爰の所を能々分別仕りとても武家の同宿を相勤可罷在とならば無役の平士にて暇有之砌より士の兵法の義は不及申軍法戦法の修行迄をも時々心にかけ伝授を極め外々の役儀の事はいふに及ばずたとへ采拝所持の職たり共勤まり兼ると有儀のなきごとく学問修行肝要の所也。初心の武士心得のため仍如件。

一二

主君を持て奉公仕る武士の中におゐて三段の品有之候

主君に仕えて奉公をする武士には三種類の者がある。第一に忠節の侍、第二に忠功の侍、第三に忠節忠功の侍である。

まず忠節の侍とは、どのようなことであれ、主君の為に一生に一度は他の同僚たちにはできないような立派な奉公を勤め上げて、その功績によって主君に重宝され、加えて家老、年寄などの重鎮からも評価される者である。たとえ日頃の勤務ではいい加減なところがあっても、成し遂げた功が格別であるためにその身が安泰である侍のことを言うのである。

次に忠功の侍とは、忠節といえるような何か目覚ましい功績があったわけではないのだが、とにかく主君への義理を大事にし、ご用とあれば昼夜を問わず義理を果たすのが当然という心がけで、たとえ同僚の病気などによる臨時の代理勤務であっても、進んで名乗り出て少しも手抜きをすることなく働きながら、自分の役割は念を入れて奉公する者を忠功の武士というのである。

さてまた忠節忠功の侍とは、先ほどあげた忠節の心情を持ちながら、忠功の勤めに励んでいる者を指すのである。例えるならば二つの鞍《くら》を付けた馬のように、二つの面でともに優れた武士である。先ほど述べたように忠節一辺倒、忠功一辺倒というのも悪いわけではないが、忠節と忠功を二つ供に兼ね備えている武士と比べたら遥かに見劣りしてしまう。このことをしっかり了解して、奉公人となるからには忠節忠功を兼ね備えた武士と呼ばれるように心がけておく必要がある。

なお、これらの三種類の条件を一つも備えていない武士を「武家奉行の穀つぶし」と呼ぶ。

初心の武士の心得として、件のごとしである。

【原文】

主君を持て奉公仕る武士の中におゐて三段の品有之候。一つには忠節の侍二つには忠功の侍三つには忠節忠功の侍也。先忠節の侍と申は何事によらず主君の御為に対し自余の傍輩共のなり兼る大切の奉公を身の一代に只一度なり共相勤其義を主君にもおろそかならず思召を以家老年寄などいはるゝ面々も是を知て如在に不致たとへ常々の勤方におゐては疎略あり共此者の義は格別とあるごとくにて寝覚を安く罷在侍の事にて候。次に忠功の武士と申は何をさして是は一かどある忠節と申程の義とては無之候へ共いかに致しても主君の義を大事にかけ奉公の義とさへあれば昼夜をかぎらず我があたりまへの義は申に不及たとへ同役傍輩の病気さし合の助勤たり共いさみすゝみて少も無油断相働き勿論我請まへの役義などにはたまかに念を入てよく奉公を仕るものを忠功の武士とは申也。扨又忠節忠功の侍と申は心に忠節の信をさしはさみ然も又形に忠功の勤を励みてたとへば鞍二口の馬を見申如く成武士の事にて候。右に申忠節一片忠功一片の武士とあるもあしきと申にては無之候へ共忠節忠功のふたつ共に兼備りたる武士に合せては遙に劣りたる事にて候。此所をよく〳〵了簡致しとても其身をゆだねて奉公人と罷成におゐては忠節忠功のふたつ共に兼備りたる武士と呼れずしては本意にあらざる義也との心懸なくては叶べからず。右三段のかねあひに一つも不叶ごとくの武士をさして武家の穀つぶしとは申にて候。初心の武士心得のため如件。

一三

奉公いたす武士の上には主君の御威光をかると申義も在之

奉公をしている武士が主君のご威光を借りるということがある。また、主君のご威光を盗むということもある。主君の側からすれば、家来にご威光を貸す、家来にご威光を盗まれる、ということになる。

どのようなことかと言えば、重い役職に就いた武士がまだ若年であったり、低い身分であったりする場合、または家中の風習やご時勢によって主君のご威光を笠に着て動かなければその任を果たせない場合のことである。それらの状況で、主君のご威光をお借りし、己の身に威勢を付けて、任務を果たすために取り組むことを「主君のご威光を借りる」というのである。

そうすることで、人々からの信頼も生まれ、支障なくご用を果たせるようになれば、当初は拝借していた「主君のご威光」は返上し、自分の役職にふさわしい権威をもって、謹んで勤め上げようにすることこそが道理である。

ところが、同僚たちを始め他家の者にまで、某殿の身内の誰々様となどと言われて敬われ、幅が利くことを喜び、その上、人々から尊敬されるようになって内々にも強みが出てくると、その欲にひかれ、終《しま》いには主君のご威光を借りたまま返さずに我がもののようにする事態も出てくる。これを名付けて「主の威光を盗む」というのである。

また、時勢によっては主君の側から、自身の威光を家来に貸し与えることもあるが、それはその者に権威を付けようとするもっともな意図によるもので、古《いにしえ》の名君や賢将にも似たような例はいくらでも見られるのである。それを名付けて「主の威を貸す」と呼んでいる。

そうは言っても、その家来がお役を果たせるようになり、もう主君のご威光は必要ないだろうという状態になれば、主君としては当初貸しておいたご威光を取り返す必要がある。それをいつまでも貸したままにしておくと、ややこしいことも起こり、後々取り返しづらくなり、終いには、家来にご威光をそのまま持ち去られてしまうことになるのである。これを名付けて「家来に威を盗まれる」という。もしそうなっては、主君にとってはおおいなる恥辱となるだけでなく、数々の損失を被ることにもなる。

損失の一つとしては、家来に度が過ぎた威勢が付いてしまうと自然と主君のご威光が弱まり、何もかもがその家来次第のようになってしまうことである。下々の者から、「殿はあの人次第だから、あの人さえ納得させられれば埒が明く」などと言われてしまい、これは例えば、天に二つの太陽が輝くような事態であり、大変不都合なことである。

第二に、家中の者が下々の者まで、その権力のある家臣のご機嫌取りを第一に考えてしまい、一方で主君を軽んじるようになり、主従の深い関係も弱まって、自ずと忠義の武士もいなくなり、万一の事態に役立つ優れた者が不在である、という状態になってしまうのである。

第三に、末端の侍は言うまでもなく、主人のお側近くに奉公している侍、あるいは重要な役職を務めている侍までもが、ただ一人の家来の権威を恐れてすくんでしまい、「これは主君のためにはよろしくないことだ」と気付いていても一言も進言ができず、心の中で悔《くや》み、あるいは親しい同僚と雑談するばかりで、主君への進言について心を許している朋友には雑談として語ることはあっても、主君の前に進み出て、「これこれの子細があります」といったことをお耳に入れ気付いていただこうとする者もいなくなる。そうすると、その一人の家来の私利私欲やえこ贔屓《ひいき》、裏で勝手気ままにぜいたくをしている姿を主君がご存じになることもなく、何事もその一人の家臣が行うことが全てよろしいと思うようになり、油断している内に一大事が起こってしまうのである。そうなると、「人を見る目がないようでは、主君だの大将だのというにはふさわしくない人物だ」などと、世間から誹謗《ひぼう》されるようになるのは避けられない。

その上、そのような者は主君の耳目をさえ畏れ憚《はばか》ることもない程に驕《おご》り高《たか》ぶっているので、同僚の思惑など気にするはずもなく、小役人たちを味方につけ、例えば自分の知人へ贈り物をするに当たっても主君の出費として、返礼の品は自分のものにしてしまう。また、自分を訪ねてきた他家の客をもてなすにも、主君の台所から酒や肴、茶や菓子を持ち運ばせるなど、「主君のものは私のもの、私のものはもちろん私のものだ」とする考え方を持つようになる。そうなると、終いには主君のお勝手事情も悪くなって、これもまた損失の一つとなる。

主君を持って奉公している武士は、以上のことをよくよく理解し、主君が情け深く目をかけてくださっているのであれば、慎み深い態度をとり、驕る心を抑え、とにかく主君のご威光が照り輝くようにと願う外には何の欲も持たない、との覚悟を持つことが肝要である。古い詞《ことば》に「忠君は君あることを知りて、身あることを知らず」[1]というものがあると聞く。

たとえその時の事情により、主君のご威光をお借りすることがあっても、永くお借りしたままでいようなどとはせず、すみやかにお返しして、くれぐれも主君のご威光を盗んだ者だなどと言われることがないような心構えでいるべきである。

初心の武士の心得として、件のごとしである。

1 『史記』楽毅伝に「忠臣去國、不潔其名」（忠臣は国を去るも、その名を潔くせず）とある。忠臣は主君のことを考え、自分の身については拘らない、という意味。

【原文】

奉公いたす武士の上には主君の御威光をかると申義も在之。又主君の御威を盗むと申義も有之也。扨又主君の御身の上にても家来に御威光をかし被成とある義も在之。又家来に威を盗まれさせ給ふと申義も在之候。其故いかんとなれば何ぞ重き職役に預る武士其身の年若きか又は小身なるか扨は家中の風俗時の様子によりては主君の御威光を笠に着て相働くごとく無之ては不叶。然ば畢竟上の御為なるを以しばらく主君の御威光をかり請我身に威勢を付て其事を取計ふごとく仕るとあるは是を名付て主君の威勢かるとは申にて候。左様有之て諸人の用ひも出来御用の障りにならぬ程にさへ有之候はゞ其初拝借致したる主君の御威光をば返進仕り自分は其職役相当の権威斗を持てつゝしみ勤め候てこそ尤の義なるを諸傍輩を初め他所他門の者迄誰殿の御内の誰さまと申如くの尊敬に預り我身の幅の広きを悦び其上人の用ひに付ては内証の強みも在之を以欲心にひかれ終には主君の御威光をかり取に仕る是を名付て主の威を盗むとは申也。且又主君の儀も時の様子によりては御自身の威光を家来にかして威勢の付様に可被成とある御奥意有ての儀なれば一段御尤の至りいにしへの明君賢将達の上にも左様のためしいか程も有之義也。是を名付て主の威をかすとは申にて候。然共其御用もたりもはやよき程也と有之節は其初かし置被成たる御威光をそろ〳〵御取返し不被成しては不叶候処御心永にいつまでも便々とかし置被成候から事起りて後々は取返しにくき様に罷成つまりはかり取にあひ被成ごとく成行もの也。是を名付て家来に威をぬすまるゝとは申也。若も左様候ては主君の御身に取ては大きなる御恥辱と申斗にても無之数々の御損も在之事也。一つには家来に威勢が付過候へばおのづから主君の御威光は薄くなり何もかも家来次第の様に罷成あの人さへ能呑込て合点なれば御上の義はあの人次第にて事済埒明とあるごとく下の諸人存るに付たとへば天に二つの日出かゞやくごとくにて大に宜からず候。二つには一家中の諸士下々に至る迄も其ものゝ機嫌を取事を肝要と仕り主君の御事をばけれうの様に存るを以主従のしたしみも離れ申に付自然と家中に忠義の武士の出来可申様も無之義なれば自然の変も到来の節よき人に事を欠被成とあるは定り事也。三つには外様向の侍の儀は不及申主人の側近く奉公致し或はおとなしき役儀を勤る侍共迄も彼壱人の権威におされすくみかへりて罷在仕合なれば是は主君の御為宜からずと心付たる義とても一言申出す事罷ならず或は心底に悔拟は心安き友傍輩とさゝやき雑談にはつぶやき申といへ共誰有て進み出かやうの子細とある義を主君の御聞に達し御覚被成様に仕る者もなければ其ものゝ私欲我まゝ依怙贔屓内証の栄耀おごりの程をも御存有べき様も無之に付何もかも其者の致す義をば宜きとのみ思し召御油断の上におゐて大き成御難義にも及び人をよく御存なきは主君の大将のといはれさせ給ふ御人がらには似合不申とある世のそしりに逢給ふべきは必定也。其上主君の御耳目をさへおそれ憚らぬごとくのおごりからはまして諸傍輩のおもはくを憚る義とては無之を以小役人共を愛付たとへば我知人近付のもとへ付届を致すにも主人の物入にいたし遣し其先より返礼に来る音物をば我手前へ取込其外他所他門の来客などをもてなすにも主君の御台所より酒の肴の茶の菓子のと持はこばせ主の物は我もの我物は猶我ものとあるごとくの仕形なれば畢竟は主君の御勝手の弱り共なり是亦御損の一つ也。右の次第を能々了簡致し主君を持て奉公仕る武士は上の御念比深く御目をかけ被成に付ては猶我身をへりくだり心のおごりを押へつゝしみとにもかくにも主君の御威光のてりかゞやくごとく致し度との願ひの外は無之ごとく覚悟仕る義肝要也。忠臣は君有事を知て身ある事をしらずとやらん申古語も有之由及承候。たとへ事の首尾により時の様子に依ては主君の御威光を拝借仕るに致しても永借をいたさず頓て返進仕り必以主君の御威光盗人の名取を不仕様に覚悟尤なるべし。初心の武士心得の為仍如件。

一四

大身小身共に武士たらんものは勝と云文字の道理を能心得べきもの也

身分に関わらず武士という者は、「勝」という文字の正しい意味をよく心得ておくべきである。「勝」という字を「すぐれる」と読むならば、何か人に優れているところがなければ、立派な武士とは言えないのである。

例えば、様々な武芸を長年熱心に習い、名人の位には至らないまでも、せめて人から上手と言われるくらいになれば、これは人に優れているということになる。

あるいは、主君への奉公において、多くの同僚の中でもずば抜けてよい勤めをしているなと、他人の目にも明らかであるならば、これは優れたお勤めと言うことができる。

変事の際や戦場において、他の者がいく所ならば自分もいき、人が堪えられることであれば自分も堪える、といった具合では感じ入るところも、褒めるところもないのである。

味方の諸侍がいくのをためらうような場所へもただ一人で進み行き、他の者たちが持ちこたえられないような場所でも一人で踏み留まれる者こそを、優れた剛の武士というのである。その他、何事につけても、「人よりも優れようという心がけがなくては、人並にさえ成り得ないのだ」と心得て何事にも精魂をこめて努力することが肝要である。

初心の武士の心得として、件のごとしである。

【原文】

大身小身共に武士たらんものは勝と云文字の道理を能心得べきもの也。子細を申に勝といふ字をばすぐるゝと読申儀なればとかく人にすぐれたる所がなくては能武士とは被申ず候。たとへば万の武芸なども多年精に入て勤習ひて名人の位にこそいたらず共せめては上手なみの名を取程にいたし覚るは是人にすぐれたる也。或は主君へ奉公を致すに付ても多き傍輩のなみをぬけて扨もよき勤かなと諸人の目にもみゆるごとくなるは是をさしてすぐれたる勤方とは申にて候。就中変の砌戦場においても人々の行所へならば身共も行べし人のこたゆる程の場所ならば手前もこたへて居べしとあるごとくにてはさのみ感じ所もほめ所も無之様子也。味方の諸人各見合せて行兼る所へも只一人すゝみ行外の者共のこたへて居兼るごとくの場所にも我一人ふみとめて罷在ごとくなるをすぐれたる剛の武士とは申にて候。其外何事の上に付ても人にすぐれんと存る心がけなくては人並程にも成難き道理也と心得て何事にも精をいれて相励申儀肝要也。初心の武士心得の為仍如件。

一五

大小上下をかぎらず第一の心懸たしなみと申は其身の果ぎわ一命の終る時の善悪にとゞまり申候

身分の上下を問わず、武士としての第一の心がけとは、その身が果てる時、すなわち死に際の善し悪しに尽きるのである。常々、どれだけ立派な口を利き、才覚があるように見える者であっても、もはやこれまでと死に臨む時、前後不覚に取り乱し、最期の姿が無様であっては、それまでの善行は全て水の泡となり、心ある人に蔑まれることになり、おおいに恥ずべきこととなる。

武士が戦場に臨んで、手柄を立てる働きをして高名を極めるのも、かねてから討ち死にの覚悟を決めていた上でのことである。もしも時運が悪く、勝負に負けて、敵に首を取られることになった場合には、名前を問われたらはっきりと姓名を名乗り、少しも悪びれた様子もなく笑って首を取らせるべきである。あるいは治療しても治る見込みのない程の深手を負った場合は、正気さえあれば番頭、組頭、同僚の前で、しっかりとした口調で言い残し、見苦しくない死に方をするのが、武士の正義として最も重要なあり方である。

このような点において、平穏な時代であっても、武士であるからには同様の心がけで生きていく必要がある。その身が老人であれば言うまでもなく、たとえ年が若くとも、大病を患い、治療の効果もなく、段々と病状が悪化していくようであれば、事前に覚悟を決めて、心残りは何もないようにしておくものである。また、自分が重い役職を務めていれば無論のこと、たとえ軽い奉公勤めであっても、もはや心身が堪えられない状況になってしまったなら、話ができる内に、番頭や支配頭などをお招きして対面した上で、「長年、上様のご恩を受けているので、何としても一度はお役に立ちたいと常々心がけてはおりましたがこのような重病にかかり、色々試してはみましたが回復を望めなくなりました。上様のお役に立つこともできずに病で死んでしまうことを、非常に残念に思っておりますが、これはどうにもなりません。これまでのご恩を、ただただありがたく存じております。私が死にましたら、御家老中にまで、この旨をよろしくお伝え願いたく存じます」とお礼を申し上げて、もしその他に私事の用件もあれば合わせて申し伝えるのが当然の行いである。

その上で、一家一族または朋友などへも最後の別れを申し伝える。その際に、子供も呼び出し、「上様に多年のご厚恩を受けながら、病で死ぬなどとは武士の本意ではないのだが、今は泰平の世なので、これもやむをえないことである。お前たちは年も若いので、私の志を継いで、もし何事かあれば必ずや上様のお役に立たねばならない、との覚悟を以て常に忠節忠孝の志を奮い立たせ、ご奉公の道を油断なくお勤めしなさい。私がこのように死ぬ間際に至って申し伝えた遺言に従わず、もし不忠、不義なまねをするようであれば、草葉の陰からでもお前たちを勘当すると心得ておくように」と申し伝え、厳重に遺言を残すことが真の武士の正義である。

中国の聖人の詞《ことば》にも、「人のまさに死んとするに至りて其いふ事よし」[2]とあるのは正しい。右のようであってこそ武士の最期にふさわしいのであるが、まず回復が見込めない病気であるという覚悟もせず、死ぬまいと病気と張り合い、自分の病気について人が軽い病だと言えば喜び、重病だと言われることを嫌がり、あれこれと医者に対して悶着を起こし、叶うこともない祈念や願かけなどをして、うろたえるばかりで、病気が次第に重くなっていくのにも関わらず、死に対する覚悟もつかず、一言も申し残せずにまるで犬猫の死と同様のありさまで、一生に一度の臨終を仕損じる者もいる。このような者は、本書の冒頭に述べた「常に死を覚悟しておく」ことをせずに、例えば他人の死の知らせを聞いても縁起でもないとだけ思い、自分はいつまでもこの世にいられるものと考え、欲深く人生を貪る心づもりでいることにより、死に損ないとなるのである。

泰平の世に重病にかかり、あらゆる養生をしても効果がなく、段々と死が迫ってくるのに、死を覚悟することがない。もし、このような心持ちで戦場へ臨んだならば、何の遺恨もない敵に対し、忠義を欠いてはならない、との思いだけで、あっぱれな討ち死にを遂げるなどできるはずがない。このようなわけで、武士にとっては、畳の上での病死であっても、それは一生に一度の大事である、というのである。

前述の通り、現在のような天下泰平の世に主君に仕える武士は、身分に関わらず、命をかけての奉公をする機会など、親の代にしろ自分の代にしろ一度もなく、何十年にもわたり、身に余る俸禄を拝領し、それを費やしていながら、畳の上にて病死を遂げるのであるから、子孫への遺言は後回しにし、まずは主君のご厚恩に対してお礼を申し上げるべきである。ところがそのような心構えもなく、末期が迫り番頭、支配頭などを呼び迎えても、自分の子孫への家督相続のことを専一に頼むなどというのは、非常に残念なことであり、武士の正義とは言えないのである。

初心の武士の心得として肝要なことである。件のごとしである。

1　番頭は、諸藩においては警備部門の中で最高地位にある者を指す。
2　『論語』泰伯第八に「曽子言日、鳥之将死、其鳴也哀。人之将死、其言也善」（曽子言いて日く、鳥の将に死なんとするに、其の鳴くや哀し。人の将に死なんとするに、其の言うや善し）とある。

【原文】

武士たらんものは大小上下をかぎらず第一の心懸たしなみと申は其身の果ぎわ一命の終る時の善悪にとゞまり申候。常々何程口をきゝ利根才覚にみへたる者も今をかぎりの時にのぞみ前後不覚に取乱し最後あしく候てはまへ方の善行は皆々水になり心ある人の下墨にも預り申かにて候得ば大に恥しき事にて候。武士の戦場にのぞみて武偏手柄の働きを仕り高名を極るとあるも兼て其身討死とある覚悟を極め置たる上の事にて候。去に依て其時の運あしくて勝負に仕負敵に首をとらるゝ時我が名を問れては慥に姓名を名乗につこと笑ひて首をとらせ毛頭程もわるびれたる気色なく或は外科の療治にも叶はぬ程の手疵深手を負ても正気さへあれば番頭組頭諸傍輩の聞前にて慥に物をも申手負ぶりをたしなみ尋常に相果候とあるは武士の正義第一の所也。爰を以存ずる時は静謐の時代たり共武士をたしなむものは其身老人の義ならば申に不及たとへ年若きとても大病をうけ養生不叶段々と気分も重り候においては兼て其覚悟を極め今生に心がゝりなる事の少も無之ごとくいたし其身重き職役をも相勤るにおいては勿論の儀たとへば軽き奉公の勤たり共もはや其身の心にもたまるまじきとおもはるゝ程の気色にさし詰り候においてはいまだ物のいはるゝ内に番頭支配頭などを招請致して対面の上年来上の御厚恩に預り罷在義なればいかさまも一度は御用にも相立候様常々相心懸罷在候得共如此の重病にかゝり色々養生仕り見申候へ共本復難仕次第に罷成候上の御用にも相立不申候て病死仕る段近頃残念に存候へ共其段は不及是非候唯今迄の御厚恩難有仕合奉存候弥相果候においては御家老中迄此段被仰上被下候様にと主君への御礼を申述其上にて私用の義もあらば申述候様に尤也。其義をすましたる上にて一家一類又は入魂の朋友などへも最後の暇乞を致し候刻子供をも呼出し我等義多年上の御厚恩を蒙りながら病死致す段武士の本意にあらず然りといへ共当時治世の義なれば其段においては是非に不及所也。其方共義は年若き事なれば我等が志を続て若自然の儀も有之においては是非上の御用に可相立とある覚悟を以常に忠節忠功の志をはげまし御奉公の道に油断仕る間敷もの也。我等末期に至り如此申置所の遺言に違ひ若不忠不義の仕形有之においては草葉の陰においても勘当と心得べしなど急度遺言仕りおくとあるは信の武士の正義也。唐国聖人の詞にも人のまさに死んとするに至りて其いふ事よしと哉らん有之げに候。右のごとくにてこそ武士の最期共可被申をとても本復ならぬ病気煩とある心積りもなく死がらかひを致し己が病気を人が軽くさへいへば悦びおもくいふ事をいやがりあれの是のと医者もんしやくを仕り叶はぬ祈念願立など申てうろたへ分別となり病気は次第に重るといへ共相果べきとある覚悟もなく何を一言申置事をも致さず悉皆犬猫の病死も同前の有様にて人間一生一度の臨終の致し損じを仕るとあるも此書の初に申ことはる常に死を心にあつることを不仕たとへば外人の死候とあるを聞てはいま〳〵敷と斗存じおのれはいつ迄も此世にまかり在筈の事のやうに覚へ欲ふかく生を貪る心よりおこる死ぞこなひ也。治世におゐて重病に取つかれ様々養生致しても不叶段々病気指詰候といへ共死覚悟を極る事なし。さるごとく比興の意地にて戦場へのぞみ何の意趣もなき敵と出合忠義の道をかく間敷とある斗の心を以かくはれなる討死などの罷在べき義にては無之候。爰を以武士をたしなむものは畳の上におゐて病死をとぐるを一生一度の大事とは申すにて候。右にも申如く今時主人を持たる武士は大身小身に限らず天下泰平の儀なれば身命をかけての奉公など申義は親の代にも我代にも無之一度なり共仕り上たる事もなくて何十年といふ義もなく過分の知行切符を拝領いたし費しながら畳の上にて病死をとぐるに於ては子孫への遺言申置などをば先指置て主君の御厚恩に預り忝きとある御礼をこそ可申上所左様の心付はなくて末期に至り番頭支配頭などを呼むかへてもおのれが子孫へ家督相続の義のみを専一に頼入るとあるは無念のいたり武士の正義にあらず。初心の武士心付肝要所也。仍如件。

一六

武士道は剛強の意地あるを第一と仕るとあるは勿論の義也といへ共片向に強き計にて余りに田夫野人の躰に有之も何とやらん農人上りの…

武士道においては、剛強であることが勿論最も重要であるが、強さばかりに偏り、田夫野人《でんぷやじん》[1]のようであるのは、農民上がりの武士のように見えて好ましくないものである。そこで、学問、歌道、茶の湯などは武芸ではないにしても、多少は心得ておきたいものである。

まず、学問の心得がなければ、古今の物語の意味を理解することもできないため、どれほど世渡り上手で賢くあっても、ことによっては考えも付かないことが起こらないとも限らない。異国や我が国に関する様々な知識を得て、その上でふさわしい時期、立場、力関係の三つをよく考え合わせて得た良案に従って、ことに対応していくのであれば、それほど失敗することもない。そのようなわけで、学問は肝要である。

ただし、誤った心得で学問に向かえば大抵は高慢になってしまい、たとえ心がけのよい立派な武士であっても、その人が無学文盲であれば見下すようになる。その上、中国風のものばかりをよいものと心得て、確かに道理に適ってはいるが今の我が国には当てはまらない、というようなこともあるとは考えずに、片意地を張って意見を主張するのは、非常に見苦しいものである。

詳しく言うと、我が国には古くより名人、君子と呼ばれる人々が数多くいて、その人々の浅からぬ分別や才覚を以て、中国はもとより遠く天竺《てんじく》[2]のことまでをも詳細に聞き調べ、あるいは直接に人を遣わして見分したものに、さらに我が国に合うよう工夫をして採り入れ、国を作り上げてきた。日本六十余州にただ一人の王を定め、中でも、三種の神器[3]による皇位継承、ならびに五摂家[4]とする家々を定め、その他にも公家は公家、地下《じげ》[5]は地下と厳密に区別をした。これらは全て日本独自の作法である。

さらには、男女の服装、家屋の構造、器具や道具の制作に至るまで、あらゆる事物に気を配り、異国の作法を採り入れながらもそれらをことごとく作り変え、万事において中国とは異なる日本独自の風俗となった。これが永遠に変わらない神道の国、つまり我が国なのである。このようなことは、私のような思慮の浅薄な者であっても推察できることである。

ところが、今時の若い武士の中には学問の方法を誤り、万事につけて中国に勝るものはないと考え、自分が生まれた国の流儀、日本流を侮《あなど》っている者がいるが、そのような者は、全くの無学文盲で武芸一辺倒の者よりも、遥かに劣っている。ここのところをよく理解して学問に取り組むべきであろう。

次に歌道であるが、これは日本の文化風俗として、公家は言うに及ばず、武家においても古今の名将勇士の中には歌道の名人が多くいたもので、たとえ身分の低い武士であっても歌道を学び、折に触れて下手な一首くらいは詠めるようにしておきたいものである。

しかしながら、この歌道においても度が過ぎれば、古来の歌仙と呼ばれた人でさえ、そう簡単には詠めなかったような秀歌を何とかして詠んでみたいなどと思うようになり、全てを放り出して歌道のみに専念するようになる。すると、いつの間にか心も体も軟弱になり、まるで公《く》家侍《げざむらい》[6]のようになってしまい、武士としての姿を失ってしまうものである。

とりわけ、近頃流行している俳諧などに凝り過ぎると、同僚たちとの真面目な話し合いの席においても、ややもすれば軽口、出来口、秀句《すく》[7]などを口にしてしまい、当分はそれも一座の興にもなるが、武士の軽口や冗談は誉められたものではないとされているので、そのような振舞いは慎むことが肝要である。

また、茶の道についても、足利将軍家の室町時代より、専ら武家の風流のたしなみとして成り立ってきたのであるから、たとえ自宅で茶を点《た》てることはなくとも、人から茶の席に招かれることや、あるいは貴人などのお相伴で同席することがあるだろう。そのような時に困らないように、露路の進み方、茶室への入り方、茶席の飾り付けに対する見識、あるいは料理のいただき方、茶の飲み方など、茶の席で必要な種々の心得を、茶道の師匠のもとで身に付け、多少は学んでおくべきである。

その上、茶道の精神というものは、世間の富貴や栄華を離れて、幽居閑栖《ゆうきょかんせい》の境地を楽しむことを肝要としているので、どれほど賑やかな場所や、また貴人宅であっても、庭に木を植えては山林渓谷の風情を作り出し、茶室には、竹の垂木、皮付きの柱、かやぶきの軒、下地窓《したじまど》、すだれ、猿戸《さるど》や枝折戸《しおりど》などの簡素な開き戸8といった侘びた趣を重んじる。その他、茶具、会席の道具に至るまで華麗なものは好まず、専ら俗世間から遠ざかった清閑な空間を宝とすることが茶道の精神である、としているので、多少は武士道の意味を理解する助けとなるのではなかろうか。そのようなわけで、たとえ身分が低い武士であっても、居宅の傍らに茶を点てる場所を設けて、新作の掛け軸、今焼きの茶入、茶碗、土瓶などの、簡単な茶道具を用いて、侘び茶の世界を楽しむことは悪いことではない。

しかしながら、何事においても最初は軽い気持ちで始めたものが、次第にのめり込むようになるもので、程なくすると贅沢になっていき、人の所持している芦屋の釜[9]を見ては自分の土釜が嫌になり、その他一切の茶道具も次第によいものばかりを欲しがるようになる。しかし、小身の武士の僅かな給金では、高価な道具は買い求められないため、掘り出し物を探そうと考え、目利きを習ってよい道具を安く揃えようとしたり、あるいは他人の持っている道具の中に何かめぼしいものがあれば譲って欲しいとひたすらねだったりするようになる。道具を扱うにしても、自分の方が得をして、損をしないための計算だけに心を奪われ、古道具屋や仲買などと呼ばれる商人のような根性となって、武士道の本道から外れた卑しい人物になってしまうのが定めである。

そのような風流人となるよりは、茶道には全く不案内である方がましである。濃茶《こいちゃ》はどのように飲むのかを全く知らなくとも、それは武士道の障害にはならないものである。

初心の武士の心得として、件のごとしである。

1　無作法で教養のない人。いなかもの。
2　インドの古称。
3　皇位の印として伝えられている三つの宝物。八咫の鏡、草薙の剣、八尺瓊の曲玉。

4　摂政・関白に任じられる家。近衛家、一条家、二条家、九条家、鷹司家の五家をいう。
5　宮廷に仕える者以外の人々の総称。一般農民や庶民を指す。
6　公家に仕える侍の意があるが、ここでは公家のような軟弱な侍という意。
7　軽妙な洒落の類いをいう。
8　建物の質素な様子をあらわし、茶道の侘びさびを描いたもの。
9　鎌倉時代から製作が始まり、室町時代にはその評価は絶頂期を迎えたが、江戸初期には廃れていった。福岡県遠賀郡芦屋町で生産された。

【原文】

武士道は剛強の意地あるを第一と仕るとあるは勿論の義也といへ共片向に強き計にて余りに田夫野人の躰に有之も何とやらん農人上りの武士を見る様にて不可然候。学問歌学茶の湯など申義は是皆武芸と申にては無之候へ共少づゝは立いり相心得罷在度事にて候。先学問無之候ては古今の物語の道理を存じて可弁様も無之に付其身何程世智賢く差当り利発に候ても事品によりては是非了簡の及び難きごとくの義も有間敷にあらず候。異国本朝の義を委細に覚悟いたし罷在て其上に時と所と位との三つを能考へ合せて其宜きに随ひて事を取計らふ様にさへ有之候へば物にいたしそこなひと申義もさのみ無之ものにて候。爰を以学問を肝要とは申にて候。但心得あしく学問を致し損じ候へば大かたは我慢になり無学文盲なる者をば何程心懸強き能武士をも目八分に見こなし其上むさと唐流斗をよきとのみ心得たとへ道理はよきにもせよ本朝の今時には用ひ難きとある勘弁もなく片情をはりては物を申ごとくなるは散々の事也。其子細を申に我朝の古へかたのごとくの名人君子達代々におゐていか程も有て其人達の不浅分別才覚を以て唐土の儀は不及申夫より程遠き天竺あたりの義迄をも委細に聞届或は直に人をも差越被成て見分の上におゐて猶又工夫了簡を加へ日本六十余州に只一王と定め就中三種の神宝御相伝の次第並に五摂家抔申も其家々を定め其外公家は公家地家は地家と厳密に差別の立たる義などは日本に限りたる作法也。夫のみならず男女のなりふり衣服家屋の作り器材雑具の制作に至る迄事々物々のうへに心を付大躰は異国の作法に随ひ其様子をば悉く仕かへて万事万端唐土と日本と風俗をかゆるを以万代不易の神道共可申かと某ごときの至らぬ分別にも推察仕り見申所也。然るに今時の若き武士学問を仕損じては万事唐流に増たる義無之と存じおのれ〳〵が本国生国の日本流をおもひあなどり候如く有之は一向無学文盲にして武士道はつよみ一片と覚悟致したるには遙におとり也。爰の所を能々分別致して学問尤也。次に歌学の義は和朝の風俗として公家方の義は不及申武家におゐても古今の名将勇士の中に歌道の達人如何程も有之義なればたとひ小身の武士たり共歌道に立入折にふれたる腰おれの一首も綴り候程には有度事にて候。然れ共此歌学の義もあしく数寄過候へば古来歌仙の名を得たる人の口からさへむさとは出かね候と申伝へたるごとくの秀歌をも是非よまずしてはとある心入と罷成を以万事を抛ち歌学のみを専らと致すに付いつとなく心も形もなまやはらかになり公家侍見る様にて武士の風俗を取失ふごとく有之ものにて候。就中今時世にもてはやし候俳諧など数寄過候へば隔意がましき傍輩の出合談話の座におゐてもやゝもすればかる口出来口秀句などを申せば当分は一座の興にも成様に候へ共惣じて武士のかる口出来口とあるは古今共に誉ぬ事に致し置たる義なれば其慎肝要也。さて又茶の湯の義も京都将軍家の時代より専ら武家の玩と成来れる儀なればたとへ我手前にてこそ致さずとも人のもとへ茶の湯に呼れ或は貴人高位の御相伴などにも参る間敷にあらず。左様の刻路次入数寄屋入の次第所々のかざり置合せの見様或は料理の給様茶の呑様にも種々の心得なども有之由なれば茶道方におゐて師道を請少は相心得罷在て可然也。其上数寄屋の義は世間の富貴栄耀をはなれ幽居閑栖の境界を楽むを以肝要と仕る由也。去に依ていか程繁栄の地又は官家の内たり共庭に木を植こみては山林渓谷の風気をうつし竹のたる木皮付の柱かやふける軒端下地窓すのすだれ猿戸枝折戸等の侘たるよそほひを宗と仕り其外茶具会席の具に至る迄花麗を好まず専ら塵世を厭ひ避て偏に清閑の富を抱くを以数寄道の本意とは仕るにて候へば少は武士道の意味をあまなふ為の助け共可罷成様にも被存候。然る上はたとへ小身の武士たり共居宅のかたはらに茶立る所をしつらひ新筆の掛物今焼の茶入茶碗土鑵子等の軽き茶具を用ひて佗茶の湯をたのしむ程の儀はあしきにあらず。然れ共万事軽き事がおもく成安きに付程なくおごりが付て人の所持致す芦屋の釜を見ては手前の土釜がいやになり其外一切の茶具共に次第によき物斗ほしくなり候といへ共小身の武士の義は心計にてしかと仕たる道具を求る事ならざるより事起りてほり出しの心掛となり目利を仕習ひ価すくなにて宜き道具を取出す分別を仕り或は向人の持て居る道具の中に何ぞしほらしき様子の物もあれば平所望を仕り又は道具などに致すとても我方へ徳を取損のゆかぬ分別を専一と仕るに付悉皆とり売中がひなど申町人の意地にひとしき様子にて武士道の正義を取失ひ大小あしき人がらと罷成は必定也。左様なる数寄者とならんよりは一向茶道不案内にて濃茶とやらんは如何様にのむとあるごとく不存程の不調法にてもそれが武士道の押へには成申間敷候。初心の武士心得の為仍如件。

一七

奉公仕る武士多き傍輩の中に何とぞ子細有て不通義絶の者もなくては不叶

奉公をしている武士であれば、多くの同僚の中には何らかの理由があって、絶交をしている者がいないとも限らない。

しかし、主君の命によって、その絶交中の者と同じ役職に就くことになった場合には、すぐにその者の所へ行き、「私はこの度貴殿と同役に仰せ付けられ、即座にお受けした。貴殿と私は日頃は絶交しているが、同役を仰せ付けられたからには、少しでも私情を差し挟んでいては上様の御為にならぬので、今後はお互いに隔たりを持たないこととし、とにかくご用が滞らないようにしたいと考える次第だ」と伝えるのである。加えて、「この役職においては貴殿が先輩であるので、諸事につけご指導をお願いしたい。ただし、明日にでも貴殿と私のいずれかが、このお役を離れて他の役職に就くことになれば、再び絶交することもあろうが、それまでは決して心を隔てることなく勤めたいと考えている」と申し伝え、お互いに心を合わせて、役職を務めることこそが武士の正しいあり方なのである。まして、日頃から特に疎遠ではない同僚と同じ役職になったならば、なおさら親しく付き合い職務に励むべきである。

ところが、ややもすれば同役の者と権力争いをしたり、新任の同役には気を配り首尾よく職務を務めさせようといった先輩としての気遣いもなく、自分がその役務に慣れているからといって、新人の不注意による失敗を見て喜ぶなどというのは、武士道の精神から外れており、そのような者は、卑しいとも汚いとも、何とも批判のしようもない。そのような心構えの武士は、変事の際には味方の取った首を奪ったり、味方を討ったりなど、大きな不義をしでかすものなので、慎むべきである。

初心の武士の心得として、件のごとしである。

【原文】

奉公仕る武士多き傍輩の中に何とぞ子細有て不通義絶の者もなくては不叶。然るに主君の仰を以其義絶の者と同役などに罷成候はゞ早速其ものゝ方へ罷越我等儀今度貴殿と同役に被仰付則御請に及び候其許と手前義は日比義絶の義に候得共既同役と仰付られ候上におゐては毛頭も私意をさしはさみ候ては上の御為に罷りならず候間向後の義は互に無隔意申合せとにもかくにも御用の相滞不申様に無之てはと存る事に候其許の儀は当役におゐては先輩の義に候へば諸事御指南を頼入申外無之候唯明日にも貴殿我等の内何れ成共他役にかわり同役をはなれ候はゞ又義絶に及び候共それ迄の義は随分無隔意申合せ候外無之段申ことはり互に心を合せて相勤るとあるは武士の正義也。況日比隔意なる子細も無之傍輩と同役の儀ならば尚更心安く入魂不致しては不叶義也。然るをやゝもすれば同役と権を争ひことに唯今新役にて諸事不案内なる同役には気を付心を添て首尾能つとめさせべきとあるおとなしき心もなく役義なれたる故に不念の仕落など有之を見てはうれしがり申ごとくなるは武士道の正義に外れむさき共きたなき共とかくの批判に及ばず。左様なる心立の武士は自然の変に臨みては必定奪首味方討等の此興なる大不義をも不仕しては不叶。おそれつゝしむべきもの也。初心の武士心得の為仍如件。

一八

白むくの小袖と役人とはあたらしき内がよきと申習し候は軽き世話ながらも一段尤の至りと覚へ候

「白無垢の小袖と役人は新しいものがよい」とは世間の軽い言い草ではあるが、なかなか言い得て妙である。

白小袖は新しい内は随分きれいなものであるが、長く着用している内に、襟もとや袖口の汚れから始まって、程なく全体的に鼠色のようになってしまうと、見苦しく汚いものとなるのである。

また、役人についても、新人の頃は全てが新鮮で、初々しくて、主君の仰せ付けを大切に守り、細かいことでも丁寧に取り組む。特に、自分の職務に関する役職についての起《き》請文《しょうもん》や罰則規定を心に刻み込み、少しでも違反しないように慎重にしているため、万事において不足するところがない。

ところが「無欲で正直なよい役人」と家中の者に褒めそやされている者が、長く勤めている内に物事の筋道が分かってくるようになると、次第に小利口者になってしまい、新人の頃には絶対にしなかったような失敗を犯してしまうのである。

その上、新人の頃には人からの贈り物なども規則に従って手際よく返すようにしており、もしどうしても受け取らざるを得ない場合は、いったんは受納しても後日その贈り物に対して相当の返礼をしていたので人々から潔白だと誉められていたような者でも、いつの頃からか考えが変わり、「今の役職を務めている内に少しでも多く握っておかねば」という欲心が湧いてくるのである。人からの贈り物を受け取ってはならないとされている以上、今更受け取ることはできない、としながらも心の裏は顔にも言葉の端々にも表れるもので、贈ろうとする側の人々もその心を読み取り、表向きは全く構わないという態度を見せかけながら、あるいは私的な縁故に近づくなど、あらゆる手段を使って贈り物をしてくるのである。そうなると、このような裏の手段で贈られた物であればいくらでも受け取るようになり、その返礼としてお上の目をかすめて贈り主に便宜を図るようになるのがお決まりである。

この汚れ方が、先ほど述べた白小袖が鼠色に変色してしまう様子と同じなのである。

白小袖の汚れはそのままにせず、時折洗濯さえしておけば、いつまでも白く見苦しいことにはならない。役人も同じで、自分の心の汚れに気を付け、それを洗いさえしておけば、見苦しく汚れ果ててしまうことはないのである。

ただし、白小袖は垢《あか》やその辺の埃《ほこり》で汚れるのであり、よく効く灰汁《あく》を使って洗えば、垢やシミも落ちてきれいになるものだが、一方、人の心には種々様々なものが深く染み込んでいるので、普通に洗うだけではきれいに戻すのは難しい。その上、白小袖であれば年に一度か二度洗えばことが済むのであるが、人の心の洗濯は四六時中、行住坐臥《ぎょうじゅうざが》、事々物々《じじぶつぶつ》、いついかなる時でも、心を動かす度に、ある時は揉み洗い、またある時はすすぎ洗いと、油断なく洗い続けても後から後から汚れてしまうものである。

ところで、白小袖に限らず、垢を落とす灰汁にも様々な種類があり、垢がそっくりそのまま落ちる薬などもあるそうである。同様に、武士の心を洗濯する際にも三種類の灰汁を使うのが秘訣であり、その三種類とは「忠、義、勇」である。心に染み付いた垢の質により、忠貞という灰汁で落とす場合もあり、また節義という灰汁で落とす垢もあるのだが、加えてもう一つの秘訣がある。もし、忠を以て洗い、義を以て洗ってみても、その汚れが強くて落ちない時には、勇猛という灰汁を少し加え、力を込めてひたすらに揉み洗いをし、さっぱりとすすぎ上げるのである。これが武士の心の洗濯に関する秘伝である。

初心の武士の心得として、件のごとしである。

1 灰を水に溶かして、うわ澄みをすくった汁。炭酸、アルカリなどを含み、物を洗ったり、染めたりする時に用いる。

【原文】

白むくの小袖と役人とはあたらしき内がよきと申習し候は軽き世話ながらも一段尤の至りと覚へ候。子細は白小袖のあたらしき内は随分暉麗なる物にて候得共久く着用いたす時はゑり廻り袖口の辺よりよごれ初めて無程鼠色の如くに成ては見苦敷手むさきものにて候。扨又事に懸り候役人などの義も新き役人の内はよろづうゐ〳〵敷主君の仰付の趣を大切に守り詰てかりそめの義をも大事と存候。就中其役義に付ての誓紙罰文の趣をも心にかけて少も違背致さぬやうにと恐れつゝしむ故諸事の勤方残る所なし。去に依て無欲正直なるよき役人哉と家中一同のほめ事に逢たるごとくの者も其役義を久しく勤めて物毎の筋道をわきまへよろづ合点の行に随ひてうかべ功者になり新役人の時終に致さぬ不調法などをもいたすは必定也。それのみならず新役の時は人のくるゝ音物音信などをも制禁の旨に任せて手ぎはよく返し若又不請して不叶ごとくの子細あればたとひ受納致しても後日に至り其音物に相当の返礼を致すごとくなれば扨もいさざよき仕形かなと申て諸人の誉事に預りたるものもいつの程よりか分別相違仕り今此役義勤る内少し成共握りため置ずしてはとある欲心起るといへども他の音物を受ぬとある格式を定めたる上には今更受納致し難きとある心のまことは色にもあらはれ言葉の端にも聞ゆるを以て人もかしこくて其心を悟り表向からは一円かまはぬふりにもてなし或は内縁にたより又は種々様々の手段を以物を送りさへすればいか程も受納をとげ其返礼には公義をかすめて依怙贔屓の沙汰に及ぶ外無之。此よごれ様と申は右にいふ白小袖の鼠色に成たるを見るにひとしき様子也。偖又白小袖の義もよごれ次第に致しておかず折節すゝぎせんたくをさへすればいつも白くて見苦敷は成不申候。役人の義も我と我心をよごれめに気を付てあらひすゝぎさへ仕候はゞむさくきたなくよごれすたる様なる義は無之道理也。但白小袖のよごれ候は人の身の垢と扨は世界のごみほこりのけがれにて候へばよきあくを以て洗ひさへ致せば垢もしみ物も落て跡は暉麗に成申候。人の心には種々様々の物がしみ込其よごれ深く候に付只大かたに洗ひすゝぎたる方にては暉麗には成兼申候。其上白小袖の義は年に一度か二度あらひても事済申候。人の心のせんたくと申は二六時中行住坐臥事々物々の上におゐて心を用るたびごとに或はもみ洗ひ又はふりすゝぎ油断透間もなくせんたく致し候ても又其跡かららよごれやすくけがれ易きものにて候。但白小袖に限らず何れの垢を落すにもあくに品々有。又垢のまゝ落る薬種なども有之由也。其ごとく武士の心のせんたくを仕るに付ては三色のあくに習有。いかんとなれば忠義勇是也。其心にしみ付たる垢の様子によりて忠貞のたれあくにて落す垢も有。又は節義のあくを以て落すあくも有之候。猶又一つの秘伝有。それをいかんと申に右のごとく忠を以て洗ひ義を以てあらふといへ共其よごれつよくして落兼候時は勇猛のたれあくを少さし加へて力を出し無二無三にもみ洗ひ候てさつぱりとすゝぎあげ申と有之候。是武士の心のせんたくの仕様の口伝也。初心の武士心得の為仍如件。

一九

世間におゐて我兄の子をも弟の子をも甥と申我姉妹の他へ嫁して儲けたる子をも同く甥と名付て何れも替る事なしと心得罷在は町人百姓…

世間では、兄の子も弟の子も甥であり、自分の姉妹が他家に嫁いで産んだ子供までも同様に甥と呼んで、どれも変わらぬ同じ甥としているが、これは町人や百姓の場合のことである。武士においては、義理や道理を立たせて、形式的にも作法を守らなければならないので、農工商の身分たちとは違うものとしなければいけない。

例えば、その家の嫡子《ちゃくし》である兄の子供は、本家を相続することになるので、同じ甥であっても、自分の親と兄の跡を継ぎ惣領家《そうりょうけ》となる。そのため、たとえ兄が亡くなり甥の代となっても、親や兄を敬うようにその兄の子供にも尽くすのである。これは、その甥に対しての義というわけではなく、自分の一族の先祖を敬うためなのである。

一方、兄の次男、三男、あるいは自分の弟の子供などに対しては、世間一般の伯父と甥の関係で問題ない。また、自分の姉や妹の子供も甥には違いないが、これは他家の姓を名乗る甥であることを意識し、普段の言葉遣いや書状の文面などにおいても、多少は他人行儀なほど丁寧にするのが道理である。

加えて、自分の甥や弟、あるいは我が子であっても、他の家へ養子などに遣わした者は、全くの他人と心得るべきである。内々の交際の場での言葉遣いなどはよいとしても、他人も交えた場では、距離を置いた態度で接するべきである。他家の者となった後にも、なお自分の子、自分の弟のように接するくらいならば、初めから自分のところに置いておけばよいものを、と養父方の親類や家来の非難を浴びることになるであろう。ただし、養父方にしっかりとした親類もなく、家のまとまりも悪いために、相続も難しいような状況であれば、元々は我が子、我が弟であるのだから、見放し難いのは当然である。

自分の娘を他家へ嫁がせて男子が生まれ、その後にその婿が亡くなり、幼少の孫が家督を相続することになり、その相続財産などについて婿方の親類縁者と相談する際には、十ある内の八つ九つまでを、婿方の親類の考えに任せる心がけが肝要である。

ただし、婿の生前からその家の家計が苦しく、親類たちの負担となるような状態であれば、苦労している自分の娘の世話をあれこれしないでよい、ということはない。その婿が亡くなった後でも、暮らしに何も事欠かず、または少しでも財産などがあるならば、舅という立場からは差し出がましいことはしないように、慎み深くあることが武士のあり方と言えよう。そうしなければ、「孫がまだ幼少である内に、自分の娘と内密に相談して後見役になっているとは、全く納得できないことだ」と他人からの批判も出てくるのである。

さてまた、一族の惣領筋、あるいは先祖の主人筋、一族の長などといった人々の家が衰え、見る影もなく落ちぶれ果ててしまった場合には、ぞんざいな扱いをせず、昔からのつながりを重んじ何かと目をかけるというのも武士の本意である。その人の威勢がよいと見れば敬うべきでない者でも敬い、その人が衰えたと見ては賤しむべきでない者も賤しめるようでは、まるで町人百姓の根性であって、決して武士のあり方ではない。

初心の武士の心得として、件のごとしである。

1 惣領は武家社会における一族の長。とくに鎌倉時代一族の祭祀の中心となり、一族、庶子を統率し、御家人として鎌倉殿に奉仕した。ここではそれを受けて、江戸期にも当てはめている。

【原文】

世間においてて我兄の子をも弟の子をも甥と申我姉妹の他へ嫁して儲けたる子をも同く甥と名付て何れも替る事なしと心得罷在は町人百姓の上の事にて候。武士と申ものは心に義理筋目を立形に作法を乱さぬごとく不仕しては不叶候。故に三民の輩とは格別の様子有之事候。たとへば其家の嫡子たる兄の持たる子は本家を相続仕る義なれば同じ甥ながらも我親兄の跡式をふまへ惣領家と申にて候へばたとひ兄は死て甥の代となりても親兄を敬ひたるごとく馳走致すとあるは全く其甥に対しての義にては無之偏に家元の先祖をうやまふ道理にて候。其二男三男或は我弟の持たる子共などへ対しては世間体の伯父甥の交りにて事済候也。扨又姉妹の持たる子共の義も甥には極り候へ共是は他姓をうけたる甥の義なれば其心得を致し常のことばづかひ書状の文言などにも隔意を致し少はいんぎんに致すごとく尤也。且又甥弟又は我子たりといふとも他の家へ養子などに遣し候ては一向他人に致したるとの心得可然。譬内証の出合参会の刻のことばづかひなどはいかんも候へ他所他門の付合に於ては隔意のあいさつ尤也。他人の子に致したる後も猶我子我弟のごとく介抱だてを致すべき所存ならば一向手前に差置たるがよきにと養父方の諸親類先の家頼の心には下墨もなくては不叶。但養父方に於て聢といたしたる親類とても無之家のしまりもなく相続成難き様子に付ては実子実子のあいさつなれば見放し難きなど有之候。左も有べき義なり。次に我娘を他へ嫁せしめ男子産て後其聟相果幼少の孫家督に備はり其跡式の義に付聟の方の親類縁者と立合相談の義など有之においては十の物ならば八つ九つ迄も聟の方の親類の取捌に致させて差置申心得肝要也。但其聟存生の時より勝手不如意なる跡式などにて諸親類の厄介共罷成ごとくの次第ならば畢竟我娘の難義をも見届け遣す道理にも有之候へばかれ是とせわに不致しては不可叶。其聟の果たる跡に何の事かくる義も無之とか又は少にても貯へなども有之ごとくならば猶以舅方より手ざしは致さぬ筈の義也とのつゝしみの覚悟は武士の正義也。其孫とてもいまだ幼少の義なるに我娘とうなつき相談を以ての後見たて一円其意を得ぬ事也とある他人の批判もなくては不叶義也。扨又一家の惣領筋或は先祖の主筋旗頭など申人の家衰へ世に落ぶれて見る影もなく成果たるを少も疎略致さず昔の筋目を立て折々の心よせをも仕るとあるは是又武士の本意也。ゑりもと足本に斗目を付盛なると見てはうやまふ間敷をも敬ひおとろへたるとみてはいやしむ間敷をも賤しむとあるは悉皆町人百姓の意地あひにして武士の正義にあらず候。初心の武士心得の為仍如件。

二十

侍の役は我奉公致す主人の家を子々孫々に至る迄もと存じ入て相勤る内にも何卒子細出来て其家を立其先主の障もなければ不及申たとひ…

役に就いている侍は、自分が奉公する主人の家臣として、子々孫々に至るまでお仕えする覚悟であっても、何らかの事情でその家を出ることになった場合、仕えていた主君との関係に支障がなければもちろんのこと、もし何か差し支えがあるならば、その主君にとことんお詫びを申し上げ、その上で他の主君の奉公人として召し抱えられるようにする、というのが昔からの武家の作法である。

このようにして新しい主君の奉公人となり、その家の古参の侍とも親しく付き合えるようになると、朝夕に顔を合わせて雑談をすることもあろうが、その際、以前の主家のよからぬ噂などは口に出さないと決心するのが義というもの、と心に定めて置くことが、武士として最も肝要な心がけである。

なぜならば、この広い世界で日本国の武士として生まれて、東西南北の国主、郡主、城主が数多くいる中で、どのような過去の因縁によってか主従の契りを結び、しばらくの間ではあってもその家に奉公して、自分は生き延び、我が子を養育できたことだけでも、まさに主君の恩恵によるものだからである。

以上をよく考えてみれば、たとえ一日であっても自分が主君として仰いだ人物の噂などは、少しも口に出すべきではない。ところが、そのような考えも持たずに、世間に広まっていないかつての主人の悪い噂までも、自分だけが知っているという顔つきで数え立てて披露するのは、まるで小者《こもの》や中間《ちゅうげん》の根性のようである。

たとえかつての主君が、何かの不始末により幕府のお咎《とが》めなどを受けている場合でも、主君であった人のお噂であれば、人から問い尋ねられようとも、あれこれと言いはぐらかし、その悪事を少しも話さないようにする、というのが武士の正しいあり方である。

初心の武士の心得として、件のごとしである。

【原文】

侍の役は我奉公致す主人の家を子々孫々に至る迄もと存じ入て相勤る内にも何卒子細出来て其家を立其先主の障もなければ不及申たとひかまひなどあればいか様にも申わびても又外の主君の扶助を請奉公人と罷成も古今武家の作法也。若左様の子細にて他の主人の家来となり其家古参の侍共と馴なじみて心安く罷成日夜朝暮の出合雑談を仕るとても故主の家のあしきさま成噂などをばかりそめにも申出さぬ筈の義也と心定めを仕るとあるは武士たる者の嗜の第一也。子細を申に此世界の内と申もひろき事なるに日本国中の武士と生れ来り東西南北の国主郡主諸城主いか程も有之中にいかなる宿縁によりてか主従の約をなし暫くも其家に罷在て我身命をつなぎ子共の手足をのべそだてたる斗も主恩にあらずとは申がたし。右の子細を以勘弁致す時はたとひ一日たり共主君と仰ぎたる人のあしき御噂などをば仮初にも申出さぬ筈の義也。然るに其弁へもなく世間に沙汰のなき古主のあしき噂迄を我しり顔にかぞへ立て雑談致し披露仕るとあるは悉皆小者中間の心あひにひとしき様子也。たとひ不行跡と有て公義の御仕置などにあひたる人の上たり共我古主とある人の御噂ならばたとひ人は問尋る共とやかくといひまぎらはかして其悪事に於ては少も演説不仕候とあるは武士の正義也。初心の武士心得の為仍如件。

二一

五六十年も以前迄諸浪人の身上をかせぎ候こと葉に乗替の壱匹も繋申程に無之てはと申は知行五百石以上ならではと申義也

五、六十年前までは、士官を望む浪人の言葉として「乗り替えの一匹も繋ぎ申すほどにこれ無くては」といったのは、つまり「知行五百石以上でなければ」という意味であった。また「せめて痩せ馬一匹も繋ぎ申すほど」といえば「三百石ほどあれば」、さらに「さび槍の一本も持たせ候ように」といえば「百石であっても知行取りの身分になれば」とする望みをかけた言葉であった。

その頃までは、武士にもまだ昔風の考え方が残っており、「武士は食わねど高楊枝」「鷹は飢えても穂をつまず」などというのもその時代の慣用句である。当時の若者は、日常生活の損得や品物の値段のことなど口に出さず、女色の話を聞いては赤面する、といった様子であった。

侍であるからには、及ばないまでも、このような古風の武士の気質を慕い習うようにありたいものである。「たとえ鼻が曲がっても息さえできればよい」などという根性では、話にならないのである。

初心の武士の心得として、件のごとしである。

【原文】

五六十年も以前迄諸浪人の身上をかせぎ候こと葉に乗替の壱匹も繋申程に無之てはと申は知行五百石以上ならではと申義也。せめて痩馬壱疋もつなぎ申程等とあるは三百石程ならばといはぬ斗の口上也。扨又さび鎗の壱本も持せ候様にとあるは一百石にても知行取と有名に望をかけたることば也。其時代迄も武士の古風残り我身上の義を我が口より何百石程ならば罷出べきなどと員数を定めて申出す義を仕間敷との意地より申出したることば也。侍は喰ず共高楊枝鷹は飢ても穂をつまぬなど申も其時代のせわにて候。年若き人は勝手損徳の話物の直段などをば口にいはず女色の話を聞ては赤面する様に候ひき。侍たらん者は及ばぬ迄も古風の武士のかたぎをしたひ学ぶごとくあり度事にて候。たとへ鼻はまがりても息さへ出ればよきとある意地あひに罷成とあるは是非に及ざる仕合也。初心の武士心得の為仍如件。

二三

戦国の時代合戦迫合の砌よき働を致し討死仕るか又は深手など負て其手疵の養生不叶して相果候侍の義をば主君大将も別して不便に思召…

戦国の時代、合戦の際に目覚しい働きをあげて討ち死にをした者、あるいは深手を負って手当ての甲斐もなく命を落とした者に対し、主君や大将も格別に不憫にお思いになり、もし男子がいるならばまだ一歳に満たなくても、間違いなく親の跡を継がせてくださったものである。

しかし、その子がまだ幼少で軍役が務まらない場合には、もしその子の亡くなった親の弟に浪人をしている者でもあれば、当分はその者に兄の相続財産を託し、主君より、「この子が幼少の間は後見をするように」と仰せ付けられることがある。これを当時は陣代《じんだい》[1]と呼んでいたが、今はそれを番代《ばんだい》と呼んでいる。陣代、番代を務める武士には昔からのしきたりがあって、それは次の通りである。

まず、前述のような経緯で兄の跡を相続するのであるから、その子供について実際は甥ではあるが、実の我が子と思って、心から愛情を注ぎ養育することは当然である。

兄の財産を引き継ぐ際には、武具、馬具などは言うまでもなく、その他の諸々の家具に至るまで一箇所に集め、家族の内の一人、二人を立ち合わせ、これを細かく確認して帳面に書き残しておくことが最も重要である。そして、兄の子が無事に成長して十五歳になった際には主君に、「来年は十六歳になり、若輩ながらも一騎前のお役に立つようになりますので、今まで私が受けていた知行を譲渡し、奉公勤めをさせたいと存じます」との旨を、書面を以て、はっきりとお願い申し上げるのである。

その際、主君によっては、「願い立てはもっともであるが、その子供はまだ若年につき、この先二、三年はその方が引き続いて勤めよ」と仰せ付けられることがなくもない。しかし、どのような重い仰せ付けであっても、きっぱりとお断りを入れるべきである。

さて、この引き継ぎの願い出が通ったならば、以前に調べて書き残しておいた帳面の記録をもとに、先代の諸道具を残らず全て、その甥に引き渡すことが肝要である。自分が陣代を務めている間に揃えた家財については引き渡さなくてもよいが、その中からも譲り与えてよい品々については帳面に記して、甥に渡すのがよかろう。

加えて、以上のように主君から家督を仰せ付けられる際に、例えば、「五百石の内、三百石をお前の甥に渡し、残る二百石は数年の間陣代としてよい奉公を勤めたその方へ与えることにしよう」などと仰ることもあるだろう。しかし、そのような時には、「身に余るありがたき幸せではありますが、本家の知行高が減ると迷惑がかかりますので、兄の知行はそのまま私の甥にお渡しいただき、私にはお暇を下さりますように」とお願いすることが肝要である。このようにして陣代、番代の役目を果たすことが、武士の正しいあり方なのである。

ところが、既に初陣を務めるほどの年齢になった甥にも家督を渡さず、たとえ渡すにしても、自分が陣代を務めていた間に、兄の諸道具をことごとく紛失し、家なども住み荒らして補修もせず、さらには借金や買掛金まで作り、これも甥に引き継がせ、なおその上に扶持米《ふちまい》、合力金《こうりょくきん》[2]をねだり、若輩な甥の脛《すね》を齧《かじ》るというのは陣代、番代を務める武士の本意とは到底呼べない。このことを心得ておくべきである。

初心の武士の心がけとして、件のごとしである。

1　室町以後の武家の職名。主君に代わって戦陣におもむく者。ここでは、主君が幼少のとき、家族または老臣などで軍務、政務の全てを統括した役職を指す。

2　扶持米は扶持として与えられた俸禄米。合力金は施し与える金。援助金。

【原文】

戦国の時代合戦迫合の砌よき働を致し討死仕るか又は深手など負て其手疵の養生不叶して相果候侍の義をば主君大将も別して不便に思召を以たとへ当歳生れの子にてもあれ男をさへ持候得ば親の跡式におゐては無相違被下置義也。然れ共其子幼少にて軍役の勤不罷成に付其子の親の弟など浪人にて罷在候へば当分其者に兄の遺跡を給り幼年の間は後見を仕れなど主君より被仰付義有之。是を陣代と申候。今時は番代と唱へ申也。此陣代番代を勤る武士の古法有之候。其子細は右の次第を以兄の遺跡を相続仕るからは甥ながらも我実子と存じ真実に不便を加へて養育仕るとあるは勿論の義也。扨其砌兄の跡式受取候て武具馬具等の義は不及申外々の雑具以下に至る迄一所に集め一家の内にて一両輩も立合せて委細に是を改め悉く帳面に記し置義肝要也。扨其子無恙成長いたし十五歳と申年齢にも罷成候に於ゐては来年は十六歳にも罷成候得ば若輩ながらも一騎前の御用には相立可申の間唯今迄手前へ被下置候知行を譲渡し御奉公為勤申度旨書付を以急度願を相立候義尤也。其節主君に依ては願の通尤には思召候へ共いまだ若年の義にも有之間先二三年の間は其方相勤候様に被仰付なども有間敷にあらず。たとひ如何様の重き仰有共達て御理り申上扨願の通と有之時は其始調べ置たる帳面を以先代の諸道具不残引渡し申義肝要也。其身陣代を勤め罷在内に調義致したる諸色の義は格別たりといへ共猶其内にも譲りあたへて可然と存る品々をば是を帳面に記して相渡すごとく尤也。且又右の通家督被仰付刻たとへば五百石本高の内三百石を甥に賜はり残る二百石をば数年陣代の内能御奉公仕たる義なれば其方へ被下置などゝ被仰出義も有べきもの也。左様の節は難有仕合身に余り奉存候得共本家の知行高減候段迷惑に奉存候間兄の知行の義は無相違甥に被仰付私義は永く御暇被下置候様にと達て願を立可申儀肝要の所なり。右のごとく有之候てこそ陣代番代といはるゝ武士の本意たるべき。もはや初陣を勤る程の年齢に成たる甥に家督を渡さずたとへ渡すに致しても我が陣代を勤る内に兄の代の諸道具をば悉く紛失致させ家居などをも住あらして破損も致さず剰兄が譲らざる借金買懸りを仕て是を引渡し猶其上に扶持米合力金などねだり言を申て若輩なる甥のすねをなぶる分別を仕るとあるは陣代番代を勤る武士の本意とは不被申候。心得有べき義也。初心の武士心付のため仍如件。

二三

主人を持奉公仕る武士は大身小身に限らず常に倹約を用ゐて随分と勝手をすり切不申ごとく分別肝要也

主人を持って奉公する武士ならば、その身分に関わらず常に倹約をし、家計を破綻させないように心がけることが肝要である。

ただし、知行を受けているような余裕のある武士であれば、もし無益なことに金銀を費やして一度は家計を追い詰めてしまっても、ただちに考えを改め、あれこれ切り詰め万事に気を付けて質素な暮らしをするならば、収入に余裕があるため、やがて家計は持ち直すようになる。

ところが、身分の低い武士が、身分の高い侍の真似をし、無用なことに金を使い、家計を破綻させてしまった場合、暮らしに余裕がないため、万事の支払いが後回しになるだけで、どれ程節約しても間に合わず、ついには後へも先へも行かない程の無一文となるのが定めである。

家計のやり繰りができているか否かというのは家庭内の問題であるが、奉公人であれば同僚と合わせることも必要なので、やむを得ぬ出費もあるだろう。そのような時にどうしようもなければ、知恵を働かせて様々な手段を講じた結果、言うべきでないことを口に出し、すべきでないこともしてしまい、不義理者だとか恥知らずなどと呼ばれるような仕打ちを受けるのも、結局は家計がうまくいかないことによる失態である。

このような理由で、身分の低い武士は常日頃からよく心構えをしておき、俸禄に見合った暮らしをし、不要なことには金を使わないようにして、どうしてもということにのみ金を使う、これが倹約の本道なのである。

ただし、倹約についても注意すべきことが一つある。身分に限らず、倹約、倹約と言って出費を抑え、節約と質素を第一に心がければ、やがて家計は持ち直し、以前は手にしたことがないほどの金銀を手に入れられるようになる。そして、金を持てば持つほど、貯蓄が増えることを喜び、減ることを悲しむばかりの卑しい根性となり、ついには金を出すべき時にも出さないような不義理者となり、兎にも角にも金銀を蓄えることしか考えなくなってしまうのである。これを名付けて吝嗇《りんしょく》という。

町人、百姓の身分では仕方あるまいが、武士の吝嗇というのは「三宝の捨てもの」[1]と言われ、おおいに嫌われるものである。なぜなら、千金万金にも替え難く大切にすべきは人の命であるのに、莫大にある金銀を義理よりも大切にし、出し惜しみをするような意地汚い根性の侍が、替えのないただ一つの大切な命を、義理のために惜しげもなく捨てるなどということは、できるはずがないからである。

倹約をする際には注意すべきことがあるというのは、このことである。

初心の武士の心得として、件のごとしである。

1 三宝は仏、仏の教えである法、その教えを広める僧。仏、法、僧。「三宝の捨てもの」は仏からも見捨てられたものという意味。

【原文】

主人を持奉公仕る武士は大身小身に限らず常に倹約を用ゐて随分と勝手をすり切不申ごとく分別肝要也。但知行高を取武士の義はたとひ無益の義に金銀を費し一度勝手をすり切候ても早く思案を致し替爰をつめかしこをちゞめ諸事に気を付て簡略をさへ致せば無程勝手を取直し申義も罷成とあるは身上に余計あるを以ての義也。小身にて大身のまねをいたし無用の義に物を入勝手を仕損じ候ては身上の余計無之に付万事跡ひけになるを以て何程簡略致しても用にたゝず後々は跡へも先へも行兼るごとくの大すり切と罷成とあるは必定也。人々勝手のなるぞならぬぞと申は内証の義にて奉公の勤を致す身には傍輩一列の格合も有之義なれば止事を得ざるごとくの物入れもなくては不叶。左様の刻せんかたなければ種々の才覚手段に及び云まじきことをもいひ仕間敷事をも仕て生れもつかざる不律義者大はつ者とある名取を仕るも以の外なるあしき取沙汰にあふも畢竟不勝手より起る過失也。爰を以て小身の武士は前方より兼て其覚悟を極め身上相応の暮しを仕少成共無益の義には物を入ぬ分別仕り是非不致しては不叶とあるごとくの事斗に物を入る是を倹約の道と申也。但此倹約と申に付て一つの心得あり。いかんとなれば大身小身共倹約々々と計申て物の費をいとひ内証をつめて簡略専らなる時は無程勝手持直し其初め持付ぬ金銀をもてば持ほど少宛も多くなるを悦び耗るをかなしむごとくのむさき心となるを以て後々はすべき事をもせず致さで叶はぬ事をも致さぬごとくの義理しらずとなるは兎にも角にも金銀を貯る分別の外無之。是を名付て吝嗇とは申也。町人百姓の上の義はいかんも候へ武士の吝嗇とあるは三宝のすて物とやらんにて大に嫌ひ申義也。其子細は千金万金もかへ難き至て惜き物は一命なるに世に多き金銀をさへ義理にかへて遣ふ事をいやがり惜むごときのむさき心からはましてやふたつともなき取かへのなき大切なる一命などをおしげもなく捨る儀の罷成べき道理とては決して無之候。去に依て倹約を用るに付て心得あるとは申にて候。初心の武士心付の為仍如件。

二四

奉公を勤る武士古参たるものゝ義は不及申たとひ昨今の新参たりとも
主君の御家の起り御先祖御代々の義或は御親類御縁者方の御続抔あ…

奉公を勤める武士であれば、古参の者はもちろん、たとえ奉公を始めたばかりの新参者であっても、主君のお家の起源や代々のご先祖のこと、あるいはご親類の続柄、さらに家中の人物の内、特に世間に広く名が知られている者の噂については、古老の者に尋ね、詳しく承知しておくことが大切である。

その理由は、他家の人々と顔を合わせ談話する機会に、自分が奉公している主君のお家について尋ねられ、「それも知りません、これも詳しくは存じ上げません」などと申しては、それなりによい奉公侍に見えていた者であっても、あまり力のない者のように思われてしまうからである。

初心の武士の心づけとして、件のごとしである。

【原文】

奉公を勤る武士古参たるものゝ義は不及申たとひ昨今の新参たりとも主君の御家の起り御先祖御代々の義或は御親類御縁者方の御続抔あるは不及申家中におゐても世間の人にもしれたる名高き傍輩の噂などをば古老の者に尋問て委細に覚悟致し罷在義尤也。子細を申に他家の者に参会談話の刻我奉公致して罷在主人の家の義を尋にあひそれも不存是をも不承と申ては大躰よき奉公人かなとみゆる者も少は手浅き様に思ひなさるゝものにて候。初心の武士心付の為仍如件。

二五

奉公仕る武士は多き傍輩の中にても勇気有て義理を正す事を好み智慧才覚有て口をきく武士とは日頃入魂を致し内外心易く申合すること…

奉公をする武士は、多くの同僚の中でも、勇気があり義理を大切にし、知恵や才覚があり、はっきりとものを言える武士と日頃より公私に渡り親しくし、懇意に付き合っておくことが肝要である。そのような武士は、同僚の中にもそれほど多くはいないのだが、たとえ一人や二人であっても、その他の者を数多く持つのと同等の価値があり、何事かあればおおいに頼りにできるのである。

概して、武士が友人を選びもせずに誰とでも馴れ親しみ、頻繁に飲み食いの交際ばかりするのはよろしいことではない。

その理由は、武士が人と出会い親しくなるためには、長い年月を重ねてお互いの本性をよくよく確かめて関係を築く必要があるからである。それを、ほんの少しの間付き合っただけで、面白い、気が合う、などといった程度で無遠慮なまでに馴れ馴れしくなることは、武士同士の交際とは言えない。無作法の限りを尽くし、もたれ合い、小唄や浄瑠璃をして夜を明かすようになり、俺とお前と呼び合うほどに仲がよくなったかと思えば、つまらないことで仲違いをする。それでいて、誰も仲裁に入らないのに、いつの間にか仲直りをしているなど、一つとして武士らしい筋の通った行為といえるものではなく、姿は武士であってもその心は人夫や人足と変わらないものであり、恥じて慎むべきである。

初心の武士の心得として、件のごとしである。

【原文】

奉公仕る武士は多き傍輩の中にても勇気有て義理を正す事を好み智慧才覚有て口をきく武士とは日頃入魂を致し内外心易く申合するごとく致し置義肝要也。左様の武士と申は家中多き傍輩の中にもさのみ沢山には無之ものにて候へばたとひ一人二人にてもあれ自余の友達幾人にもかけあひ何事ぞ有之時は大に便りと罷成物にて候。惣じて武士の友達をいらぶ事なくあれ共是共なれむつびのみ喰の交りを致し出合を繁く仕るとあるは宜からず候。子細を申に武士の出合の上にて入魂を仕るとあるは多日互の心根を見届け見とゞけられてこそ念比には罷成べきを当分出合て面白きぞあい口なるぞと申迄にて心やすだてを仕り武士と武士の出合の様にも無之不礼作法のみを尽し手足をもたせ合て小歌上るりにて夜をあかしうぬかわがのと申程あいさつよきかと思へば仮初の事を申募りては不通義絶をいたし誰在て中を直すものゝなきにも頓て又中を直りなどひとつとしてふみつめたる意地の無之とあるはたとへ形は武士にても心は夫人足に等き様子也。恥つゝしむべし。初心の武士心得の為仍如件。

二六

奉公仕る武士主君より居屋敷を賜り家作などを仕るにおゐては表向の門長屋玄関の見入座敷の躰などは身上相応に少は暉麗に仕るとある…

奉公する武士が、主君より屋敷を賜り、家を普請《ふしん》する際には、表側の長屋門、玄関の見栄え、座敷の様など身分相応に、多少は立派にしておいた方がよい。

理由としては、どこの城下においても、外曲輪《そとぐるわ》[1]にある武家屋敷の辺りまでは、他国の人々が入ってきて眺めていくこともあり、そこにある武士たちの家構えがよければ城下も賑わい、ここは家中も安定しているのだろうと思われ、少しは主君の御為にもなると思われるからである。

しかし、その他の奥の居間や妻子などの居場所は、雨さえ漏らなければどれほど見苦しくても我慢し、家の普請に対する出費を抑えようとする心がけは当然のことである。

なぜなら、乱世においては、城主である大名も、常に篭城《ろうじょう》に対する用意が必要であったため、二の丸、三の丸[2]に建てる屋敷であっても、家を低く梁間《はりま》をつめて、普請を手軽くすることを定めていたからである。まして、外曲輪に住む侍の家などは、もしもの時には、ことごとく自ら火を点けて取り払うものであったため、後々まで残すように家作りを行うこともなかったのである。このことから、至って軽い作りを「根小屋普請《ねごやぶしん》」[3]などというのである。

以上のように、たとえ今が泰平の世であるといっても、武士としての志を持つ者ならば、屋敷の作りなどに趣向を凝らし、過分の費用をかけ、いつまでもそこに住み続けようと考えるのは、あまりよろしくない。その上、万一の火災などにでも遭えば、焼け跡を少しの間であってもそのままにはしておけないので、すぐにでも相応の小屋など建てなければならないのに、そのような心構えもなく、分不相応の家を建てるために全財産をつぎ込み、それを多額の借金をしてしまったと喜ぶなどというのは不調法の極み、無粋《ぶすい》としか言いようがない。

初心の武士の心得として、件のごとしである。

1 城などの外のくるわ。一番外の囲い。
2 本丸に対して、その外側の城郭。
3 主に中世において、城下町の麓に小規模な商店街ができ、その麓にできた「城山の根のところにある屋」という意味の簡素な造りの家。

【原文】

奉公仕る武士主君より居屋敷を賜り家作などを仕るにおゐては表向の門長屋玄関の見入座敷の躰などは身上相応に少は暉麗に仕るとあるも尤の儀也。子細は何れの城下に於ても外曲輪辺に罷在侍共の方迄は他所他国の者も入来り見る事などもあるに諸士の家居宜ければ所も賑ひ家中も落付て覚ゆるなれば主君の御為にも少は罷成かにて候。あるかにて候。其外奥向妻子など差置候様成所は雨さへもらずばいか様に見苦くても堪忍仕成べき程は家普請等に物を入ざる様にと覚悟尤也。子細を申に乱世には城主たる大名方にも常に籠城の心懸おはしますを以二三の丸に罷在侍の居屋敷とても家をひきく梁間をつめて普請を手軽くとの制禁を定めらるゝ也。ましてや外曲輪に住居仕る侍共の家宅の義はもしもの変に臨みては悉く自焼致して取払ふ義なれば末を兼たる家作とては可仕様も無之。去に依て作事の至て軽きをば根小屋普請の様也とは申にて候。爰を以存る時はたとひ治世の今とても武士を心懸る侍の義は居屋敷の家作などに種々の物数寄を尽し過分の物を入ひたすら常住の思ひをなすとあるもあまり宜き義とは申難く候。其上不慮の火災などに逢たる時其跡をあき屋敷に致しては暫くも指置がたき義なれば早速似合の小屋がけをも不仕しては不叶候に左様の勘弁もなく分限に過たる普請に物を入果しそれを借金の高に結びてうれしがり申とあるは不調法至極の不物ずきとより外には可申様も無之候。初心の武士心得の為仍如件。

二七

武士道の噂さにおいて肝要と沙汰仕るは忠義勇の三つにとゞまり申候

武士道において尊重すべきものの内、最も肝要なものは「忠、義、勇」の三つに極まる。「忠、義、勇」の三徳を、一人で全て兼ね備えている武士を指して、最高の侍というのである。「忠、義、勇」と三文字を続けて口で言うのは簡単なようであるが、この三つを心得て実践するのは非常に難しいことである。そのため、「百千の武士においても最高の侍は稀である」と古来言われているのである。

さて、忠勤の武士と義理堅い武士については、常日頃の行動を見れば判るので、比較的知られやすい。一方、勇気ある武士は、天下泰平の時代には知られにくいのではないか、という疑問も生じかねないが、実は全くそのようなことはない。

その理由は、武士の勇気というものは、甲冑《かっちゅう》を身に付け、手に槍や薙刀《なぎなた》を持って、戦場に臨み、勝負を争う時になって初めて表に出る、というものではないからである。日頃、畳の上においても、この者は勇者、この者は勇者ではないと見分けるのは鏡に映すようにたやすいことである。

それはどうしてかといえば、生まれつきの勇者とは、善行は進んで行い、あらゆる悪事から距離を置くことに励んでおり、主君や親に仕える際も他人にできないような忠孝に励み、少しでも暇があれば学問に専心し、武芸の稽古も怠ることはない。また、贅沢を慎み、一銭の浪費も嫌がるが、それはけちで汚い根性によるものではなくて、必要があれば他人が出せない程の金額をも惜しげもなく出すのである。また、主君のご法度や、親が嫌がるのであれば、どれほどいきたいと思う所へもいかず、やめ難いこともきっぱりやめ、とにかく主君や親の意向には背かないよう心がける。健康を保ち、何とかして一度は大手柄を立てようと心に誓い、摂生に努め、大食や飲酒も控え、最大の迷いである色道からも慎み遠ざかるなど、万事につけてよく耐え忍ぶ気概がある、これらは全て勇者の証拠となるものだからである。

これに対して、勇者でない者は、主君をも両親をも上辺ばかりは敬うふりをして、心から大切にしようという気持ちがない。主君のご法度、親の嫌がることであっても慎む気持ちもなく、いってはならない所をもうろつきまわり、やってはいけないことにも手を出してしまう。

また、万事につけて本能に従って、朝寝昼寝を好み、学問をおおいに嫌い、武士の家業である武芸を習うといっても何かを極めようとして熱心に稽古をすることもなく、あれこれと手を出すもののどれも腕前は上がらず、口先ばかりの自慢をしてまわるのである。その上、わずかばかりの知行である物成切符《ものなりきっぷ》[1]なども、後先のことを考えずに使い散らし、役にも立たない馬鹿騒ぎや食道楽などにはいくらでも金をかけるが、他のことにはけちで汚く、親から譲り受けた古い武具の毛は切れ、塗装の剝げも修理しようともせず、最も必要不可欠な武具や馬具に不足がないかを調べて、足りなければ新調しようなどとは思いもよらない。また、もし自分が病気になっては主君への奉公も勤まらず、親には心配や苦労もかけさせてしまうなどとは考えもしないため、大食、大酒または色道に耽《ふけ》り、寿命にヤスリをかけるようなことをしでかしてしまう。このような行いは全て、何事も耐え忍ぶことのできない柔弱で未熟な心に起因するものであり、勇者とは言えない臆病武士のしるしであると見てまず間違いない。

以上のような次第で、泰平の世の畳の上においても、勇気ある武士とそうでない者とは、紛れもなくはっきりと判別が付くのである。

初心の武士への注意として、件のごとしである。

1　物成は田畑からの収穫で江戸時代の年貢のこと。山野河海の用益、生産に課せられる小物成に対して、田畑の生産物に課せられる本途物成を指す。物成切符とあるから、ここでは現物との交換ができる切符を指すものと考えられる。

【原文】

武士道の噂さにおいて肝要と沙汰仕るは忠義勇の三つにとゞまり申候。此忠義勇の三徳を壱人に全く兼備へたる武士をさして上品の侍とは申にて候。忠義勇と三字につゞけて只一口に申せばいと心安きごとく候へ共此三つを心に得て身に行ひすますとあるは至て重き義也。されば百千の武士の中におゐて上品の士と申はまれなる事に古来より申伝へ候。是に付忠勤の武士と義者との見わけは常々の行跡にもあらはれ申義なればしれ易き道理も有之候。勇者の義は治世の今無異無事の時代にはちとしれ兼可申やとある不審もなくては不叶。然共一向左様の義にては無之候。子細を申に武士の勇気と申ものは身に甲冑を帯し手に鎗薙刀を持て戦場にのぞみ勝負を争ふ時節に至り初めて相あらはるゝと申にては更々無之候。平生畳の上におゐて是は勇者是は不勇者と有之見分は鏡にかけたるごとく成程相しれ申道理にて候。如何となれば生得の勇者と申ものは一切の善事にすゝむ事をいさみ万の悪事にはなるゝ事を勇み申に付主親へ仕へても人のならぬ忠孝をはげみ少にても身の暇さへあれば学文の道に心をよせ武芸の稽古にも怠る事なく身のおごりをつゝしみて一銭の費をもいとふごとくなればしわくきたなき心にてかと思へば一円左様にてはなく是は致さずして不叶とある事に成ては人の出し兼る金銀をも惜げなく是を出し或は主君の御法度とか親々の嫌ふ事とさへあれば何程我行度と思ふ所へも行ずやめにくき事をもやめて兎にも角にも主親の心にそむかず身命を全く保ちて是非一度は大功を立んと思ふごとくの意地有之を以養生深く喰度物をもひかへ呑度物をものまず人間第一のまどひに致し置ける色の道迄をもつゝしみ遠ざけ其外万事の上に付てよくたへ忍ぶ意地有と申は是皆勇者のきつかけ也。扨又不勇者と申は主君をも親をも上べ斗にうやまふふりを致し信実に大切と存る意地もなし。主君の家の法度親々のいやがる事とある慎もなく行まじき所へもうろたへありき仕るまじき事をも仕り万に気随を先立朝寝昼寝を好みて学文の道など申事をば大に嫌ひ武士の家業たる武芸を務るとても何を一色取しめて稽古致すとある義もなく何れをも是をも習ひくたし所作もかなはぬ芸自慢の利口だて斗を申わづか計とる知行の物成切符などをも跡先の考なしに遣ひちらし役にも立ぬあほう狂ひ又栄耀喰ひなどにはいか程も物を入るといへども外の事にはしわくきたなく親の譲りに請たる古具足の毛きれ仕り塗のはげ候を修覆いたし度とある心懸さへ無之仕合なればましてや以の外になくて叶はぬ武具馬具の不足を改めて新に支度などある義は思ひもよらず其身病者にては主君へ奉公の勤も不叶其上親々の気遣苦労になるとある勘弁もなく大食大酒又は色の道にふけり我と我寿命にやすりをかけるごとくなるは是皆物に能たへしのぶ事の成兼る柔弱未練のこゝろより起る義なれば是を不勇者臆病武士のきつかけと目利致して大かたはづれは無之道理也。爰を勇者も不勇者も静謐の時代畳の上におゐてまぎれなく相しれ申候とは申にて候。初心の武士心付の為仍如件。

二八

古き侍の申伝へに武士をたしなむ侍は世間の大名方の御噂と医者の噂とは惣じて悪くは申さぬもの也と相心得べしと有之

昔の武士が語り伝えた言葉に、「武士として修行を積む者は、世間の大名方のお噂や医者の噂をする時は総じて悪くは言わぬものと心得よ」というものがある。

その理由は、ある大名の悪口を言っていたのに、その大名の家に自分自身でなくとも身近な親類縁者が奉公する、ということがないとは限らないからである。すると人から、「お前は以前からあの主君の悪口を言っていたのに、その家へ親類が奉公にいくのを留めもしないとはおかしな話だ」と非難されることになる。

医者についても、自分の家の者はその医者にかからないとしても、親類や親友の中に重病人が出て、その医者の治療によって回復した場合、以前その医者の悪口を言ったにも関わらず、「この度はあなた様に大変な病気を治していただき、我々もありがたく存じております」と厚く礼を言わなければならなくなる、という事態も起こり得るからである。

人間は、このように常に気を配りさえしていれば、後悔をすることも少なくなるのであろう。しかし、そのような思慮に欠けると、物事の一面しか見ずに、その場その場で思い付くままに調子よく語り、後のことも考えずに、言うべきでない人の噂も遠慮なく言いふらし、自分とは関係のない人の悪事を数えたて、謗《そし》り嘲《あざけ》っていると、「悪口者（悪口ばかり言う者）」として有名になってしまう。これは武士道を理解していないことによる失敗なのである。

仮にもし、自分のことを人が悪く噂していると聞いた場合、「何とも納得がいかない。身に覚えがないことであるぞ。何か恨みでもあればそう言われても仕様があるまいが、そうではなくただ陰口を言いふらしているとは、武士らしくもない奴だ」とその相手を見限らずにはいられまい。さらに、単なる陰口とは言っても、ことによっては聞き捨てておけず、たとえ聞き捨てておくとしても永く心に恨みが残るにちがいない。

このようなわけで、自分のことを人がどれほど悪く言っても、それを何とも思わず咎《とが》める心もないような大馬鹿者でない限り、他人の悪口は広言するものではない、と心得ておくべきである。

ところで、「大口者（大口を叩く者）」と「悪口者」は似ているようで、おおいに異なると心得ておくべきである。昔の武士の中には「大口者」として名の知られた侍が何人もいたもので、幕府のお旗本においても、松平加賀右衛門[1]、大久保彦左衛門[2]などは、随分な大口を叩いていた者であった。その時代には、諸国大名のお家にも各家に三人から五人は「大口者」と呼ばれる侍がいたそうである。

これらの「大口者」というのは、いずれの者も度々武勇の手柄を立て、武士道のあらゆる心得については非常に優れていたが、時折判断を誤り、ややもすれば片意地を張ることもあり、そのため相談相手にはなりかねることが災いし、武勇の誉れが高いわりには知行も身分も不足していた。そのため捨て鉢になり、相手を問わず言いたい放題をしていても、主君を始め家老や年寄がその者に対しては特別扱いし見逃し聞き逃していたため、さらに我がままが募り、遠慮や会釈もなく人の善悪を思う存分に言いふらし、一生涯大口を叩いて死んでいく、そのような者が昔の「大口者」であった。このような「大口者」は、年若い頃に他人ができないような武勇の手柄を立て、腕に覚えがあっての大口だったのである。

今のように天下泰平の時代には、どれほどの勇気を生まれつき持っている者であっても、手柄を立て、名をあげる機会がない。一度も鎧を身に付けたこともないような者のくせに、仲のよい同僚と集まっては、主君のお家の采配ぶりや、家老や用人の欠点、その他同僚の噂を思う存分に言い散らし、自分だけ利口者だと考えている馬鹿者がいる。そのような者は、昔の「大口者」とは天地雲泥《てんちうんでい》の差があり、これを名付けて「悪口者」又は「馬鹿口叩き」と呼ぶのである。

初心の武士の心得として、件のごとしである。

1 江戸期の武将。詳細は不明であるが、『甲子夜話』にその名が見える。

2 永禄三年（一五六〇）～寛永十六年（一六三九）。大久保忠教。戦国時代から江戸初期の武将。徳川家に仕え、大坂の役などで軍功をあげる。家訓書『三河物語』を執筆、また徳川家のご意見番として講談や講釈で描かれている。

【原文】

古き侍の申伝へに武士をたしなむ侍は世間の大名方の御噂と医者の噂とは惣じて悪くは申さぬもの也と相心得べしと有之。子細を申に其大名の家を我こそ望まず共身近き親類縁者の中より奉公に罷出て主人と仰ぐ様なる義も有間敷にあらず。然る時は兼てあしき主人とある義能知て悪く申程ならば其家へ身近き者の奉公に出るを押へ留る事をも不仕其通りに致し置たるはいかにとある人の下墨もなくては不可叶との遠慮也。次に医者の義も其医者へ我家内の病人をこそ無心申さぬとても親類知音の中におゐて大切病人など有之其医者の療治を以気色本腹仕たる義など有之時は其許の御願にて大切の病気を取直し我等式迄も忝次第に存るなど厚く礼をも申述ずしては不叶如くの義も可有之かとの遠慮也。人として如此心を用るに付ては物に後悔とある義は左のみ無之筈の事にて候得共其了簡うとく物事一かわ思案にて指当り心にうかぶ程の事をば口拍子にかたり以後の考なしに言ぬ筈の人の噂をも遠慮なく申散し我が荷かせにもならぬ人の身の悪事をかぞへ立謗り嘲り悪口ものゝ名取を仕るとあるは畢竟武士道不案内の不吟味より起る過失也。子細は我が噂を人があしく申とある義を慥に伝へ聞たるにおゐては扨も聞へぬ事かな何ぞ意趣もあらば其致し方こそ有べきにさはなくして陰噂を悪く仕るとあるは近頃侍の様にもなきむさき所存の不届かなと見かぎり思はずしては不叶。其上いかに陰言たりとも品に依ては聞捨に致しては差置がたきごとくの次第も有べし。たとへ聞遁し致して差置とても永く心にこめて遺恨に思ふとあるは定り事なり。爰を以て存る時は我が事を人がいか様にあしく言とても夫を何共思はず咎むる心も付ぬごとくのうつけ者ならでは人のあしき陰噂を口広くは申さぬ筈との了簡尤也。是に付大口ものとわる口ものとは相似たる様にて大に違ふと心得るがよき也。子細を申に古き武士の中には大口ものゝ名を得たる侍いか程も有之。既に公義御旗本におゐても松平加賀右衛門大久保彦左衛門など申たる人々は随分の大口きゝなり。其時代には諸国大名方の家々にも五人三人づゝ大口者の聞へある侍のなきとあるは無之。其大口者と申は何れも数度の武偏手柄を顕はし武士道一通におゐては無類也といへ共時折節には分別相違仕りやゝもすれば片情をはりつめ物の相談相手に成兼候所が身上の押へとなり其身の武偏高名の誉に合せては知行も職役も不足とあるより事起りてわざくれ心と成相手を嫌はずきれ口の言度まゝ斗を申といへ共主君を始め其家の家老年寄も其者共の義をば制外のごとく見遁し聞のがしの様に成行を以弥我儘につのり遠慮会釈もなく人の上の善悪を心一ぱいに申散し一生が間大口をきゝ死に仕る是を昔の大口者とは申也。其大口ものゝ義は年若き時分人のならぬ武偏手柄を仕り腕に覚ありての大口也。当時天下静謐の時代にはいか程勇気に生れ付たる者とても手柄高名を極むべき場所とても無之義なれば具足を一度肩に懸たる覚もなくて己が相口なる友傍輩と打寄ては主君の御家の仕置の善悪或は家老用人の難非をあげ其外諸傍輩の噂までをも腹一ぱいに申散しおのれに斗利発也と存るごとくなるうつけものゝ義は昔の大口者とは天地雲泥のたがひなれば是を名付てわる口ものとも又は馬鹿口たゝき共可申者也。初心の武士心得のため仍如件。

二九

主君を持たる武士御側近く奉公申上るに付ては其身の役義に付又は外の御用に付ても是々の儀を如何存るなどゝの仰を蒙る義も可有之也

主君のお側近くで奉公をしている武士であれば、自分の職務やその他の事柄について、「これこれについてどのように考えているか」などのご質問を受けることがある。その際には、自分の意見を一通り申し上げるのだが、これに対し主君が、「いや、それではよろしくない。そうではなく、このようにすべきではないのか」などと仰った場合、もし主君のお考えが道理に合わないと思えても、その場では謹んで承り、「私の考え違いであったかと存じます」などと申し上げ、後にご機嫌を見て、再度考えを申し上げるべきである。そのようにすれば、主君もまたご思案されるのでお考えも変わり、ご判断を誤ることもなくなり、主君の御為にもなるのである。家臣の身でありながら、何度もお言葉を返して、「そうではございません」と遠慮もなく意見を申し上げることの善し悪しは、その人の身分によると思われる。

一般に譜代《ふだい》[1]の家臣でないならば、このように意見するなどは以ての外であり、いかに主君の御為であるといっても許されない行為である。ただし、主君のお考えが道理に合わないと承知していながらも、「この場の上様の思し召しに叶えばよいだろう」と考え直し、「先ほど申し上げましたことは私の間違いでございました。ただ今、考え直してみましたところ、やはり上様のお考えがよろしいかと存じ上げます」などと申し上げることは大不忠といえるものである。

およそ奉公を勤める武士というものは、主君のお気に入りになりたい、などという下心は少しも持ってはならず、それこそ最も大事な心がけである。自分の職務に対して手を抜かず熱心に務め、それでも主君のお気に召されないようであれば、これは自分の不運として諦めることが奉公する武士の正道なのである。

初心の武士の心得として、件のごとしである。

1　数代に渡り主家に仕えて、数々の働きをし、家政にも関わるなどの重要な役目を受けている家臣、家系。

【原文】

主君を持たる武士御側近く奉公申上るに付ては其身の役義に付又は外の御用に付ても是々の儀を如何存るなどゝの仰を蒙る義も可有之也。左様の節は我が存寄一通りを申上るにいや左様にては宜からず如何有之て可然など御意あるに其思召道理に不叶と奉存時は謹て是を承り然らば私の存たがひも御座候かと申留めて其上の御機嫌を相伺ひて罷在べきなり。左様有之時は又外に御思案をもあそばしかへ被成に付御賢慮のたがひ無之ごとく罷成を以御為宜き也。幾度も御ことばを返して是非左様にては無御座候と憚りをかへりみず物を申上ると其人にもよるべき義也。大躰をし渡りの奉公人の上におゐては先以慮外の至りなればいかに御為と存寄ても左様には不罷成義也。但し御意の趣道理に不相叶と我心には存弁へながらも当坐の思召にさへ叶へばよきぞと分別を致しかへ宛前申上候は私の心得違にて御座候。只今相考候へば成程御前の思召の通りにて宜可有御座と奉存などゝ申上る様成義は大不忠の不届此上有べからず。惣じて奉公勤る武士の義は主君の御意に入度と存る心の毛頭程も差出ざる様にとある心得の慎を第一には仕るにて候。我が当り前の奉公を油断なく相勤ても御意に不入分は手前の不幸故の義是非に不及と覚悟を極め罷在を奉公仕る武士の本意とは申也。初心の武士心得の為仍如件。

三十

大身の武士は不及申たとへ小身たり共主君より相当の恩禄を申受既に一騎役をも相務る程の侍の義は此身をも命をもかりにも我物と心得…

身分の高い武士は言うまでもなく、たとえ身分が低い武士であっても、主君から相応の俸禄を与えられて一騎役を務めるほどの者であれば、決して、「自分の命は自分のものである」などと考えてはならない。その理由は以下の通りである。

武家の奉公人には二種類あり、例えば足軽以下の小者、中間などの者は、小扶持《こぶち》[1]、小切米《こきりまい》[2]をいただき、昼夜を問わず暇なく肉体労働の奉公をしているものの、大切な自分の命をかけて主君のために仕えねばならない、という決まりもないので、武士の最高の奉公の場である合戦場において逃走したり、未練がましく振る舞ったとしても、不届きな行為として、詮議、詮索をされることはない。そのために「その身ばかりを売り切りの奉公人（労働力のみを売って暮らしている奉公人）」と呼ばれているのである。

これに対して、武士とは「二つとない大切な自分の命を捨てて主君に仕える」とする約束を第一に定めている奉公人である。よって、下々の者のような肉体労働をすることはないが、大将の御為とあれば、一歩も引かずに見事な討ち死にを遂げ、あるいは敵の射る矢面《やおもて》に立ちふさがり、主君や大将の身代わりともなる覚悟であるので、主君もこのような者を重宝して、日頃から俸禄を厚くくださり、目をかけて召し抱えておくことが乱世の道理であった。

泰平の今日は、合戦もないので、武士ほど費用のかかる者はないと言えよう。なぜなら、高い身分の武士は言うまでもないが、例えば百石程度の侍であっても十年も経てば千石の俸禄にもなる。親や祖父の代から何十年に渡り拝領すれば、穀代としてどれ程の金銀になるのだろうか。この点を考えれば、主君の厚いご恩や、ご家来を扶助してくださる主君の深い御心の内を、きちんと理解する必要があると分かるだろう。

お家中の様々な身分の侍に多くの扶持を毎年与えており、それが大きな出費となっていることを主君はご存じではある。しかし、主君はそもそも変事のお役目を負うことになっており、万一変事があろうものなら、大将として支度を整えて出陣するのであり、その際にはお家柄に相応の軍役が求められることになる。

例えば、十万石の知行高であれば騎馬隊が百七十騎、弓足軽が六十人、鉄砲足軽が三百五十人、槍が百五十本と旗本。これが公儀に定められている軍役であり、この他に用意する人数はその大将のご力量やお考えによるのである。

また、このように定められた軍役を引き連れてご出陣される場合でも、城を空にすることはできない。それは、留守中に万一不慮の事態が起こった場合、城を守り乗っ取られることのないように人数を残しておかなければならないからである。普段は多過ぎのように思われるのだが、何かの時には足りなく思われる――それが人なのである。

もっとも、今は泰平の世であって、浪人も数多くいるので臨時雇いも容易ではあるが、武士の場合は身分の高い低いに関わらず、馴染みであるか否かが肝要となる。無論、武士であれば、たとえ臨時雇いであっても役に立たないことはないが、数代、数年にわたり厚恩に預かり、日頃からお情けをかけていただいていれば、それが身に染み込んでおり、何とかご奉公をして日頃のご厚恩に報いたいと思っている武士こそが、一大事の時には役に立つのである。

以上のようなお考えにより、主君や大将は、普段はそれほど必要でなくとも、身分に関わらず数多くの侍を召し抱え、目をかけておられるのである。家中の代々仕えている侍の中には、出来の悪い役立たず者や生まれつき五体不具の者、または少し馬鹿のような者があっても、大目に見て、他の者と変わりない俸禄を与えて召し抱えておられるのは、一大事の時には日頃の恩と馴染みによって、身命を省みずに働き、役立つはずだと心中で頼みにしていらっしゃるからである。これが主君や大将の御心の内なのである。

以上のような主君の御心を推し量り、家臣の方も奉公人としての真の決意を決めなければならない。

番役、供役、使役などは泰平の世の武士にとって日常の勤めであって、世間の人並みの勤めであるので、武士の役割として取り立てて言うほどのものではない。

武士であれば、「万一明日にでも、不測の事態が起こったならば、人より優れた軍忠をあげよう」と決意しているので、常に武芸に励み、身分相応の家来や馬を備えて、武具や馬具の支度をしておくのである。そして、いよいよ事変が到来した時には、自分の部隊に侍が何十人いようとも、平地の迫《せ》り合《あ》いであれば一番槍、城を攻めるならば一番乗り、不利な戦局となり退く時には殿《しんがり》を務めるのである。「この三つの務めは摩利支尊天《まりしそんてん》[3]もご照覧あれ、他の者にはさせないぞ」と口には出さずとも心に思い定めて覚悟することを、武士が奉公する際の決意というのである。

さて、このように決意していれば、身も命も自分のものではなく、いついかなる時でも主君の為に差し出せるように大事にして、大食、大酒、淫乱などの不摂生を慎み、一日でも永くこの世に留まり、一度でも主君のお役に立てて捨てるものと思うのである。そうであれば、畳の上で死ぬことさえ不本意であるのに、役にも立たぬ喧嘩や口論などをして、友人や同僚を殺してしまい、自分も命を失うなどということが、不忠かつ大不義理として深く慎むべきであると分かるだろう。

そのためにはまず、無駄口を利かないようにすることである。武士の多言は嫌われるもので、そのように心得ず、役にも立たぬことを多く口にするからこそ口論が起こり、それが高じて喧嘩となり、喧嘩となれば必ず雑言が出るのである。武士と武士の間では、お互い雑言が出れば、何事もなく双方無事に済むことは万に一つもあり得ない。そのようなわけで、口論となる前に、かねてから主君に捧げおいた身命であることを考え、気持ちを抑える心得を持つ者を、忠義の武士、または分別ある者というのである。

しかしながら、家中には気違い同然の馬鹿者がいないとも限らない。そのような馬鹿者は、自分が理に適わないことを言い相手にされないと、「あいつは臆病者だ」などと思い、ついには様々な聞き捨てておけないような暴言を吐き散らすこともある。これこそ、武士の身の上における不運、災難というものである。万一このようなことになったならば、雑言を受けても判断力を持ち、心を静め、気を落ち着けて、時と場所を考え、差し障りがあれば、いったん帰宅し、公私に渡る大切な用事などがあれば片付くように手配して、この世に心残りがないようにしておく。さらに、口論の場に居合わせて、事の次第をよく承知している友人を証人として、一通の書置きを残し、全てに配慮した上で時期を見てその相手に挑み、十分な勝利を得て恨みを晴らした後で、即座に自害するも、検視を立てて腹を切るも、それは自分の思い通りにすればよい。

このようにすれば、同僚も、「もっともなことだ」と感心し、主君にも、「立派なやり方であった」とご納得していただけるのであり、不忠であるとはいえ、多少の申し訳は立つのである。

しかし、思慮のない若輩者は、馬鹿者と出会うとその時の怒りに任せて、自分も踊りかかり、偶然の事故のように犬死にしてしまう。それは、前に述べた「奉公をする武士の身命は、かねてから主君へ差し上げたものであり、自分のものではない」ということを理解していないからである。よくよく心得ておくべきことである。

初心の武士の注意すべきこととして、件のごとしである。

1 扶持は主君から家臣に給与した俸禄。江戸時代には、一人一日玄米五合を標準とし、この一年分を米または金で給与した。

2　切米は、江戸時代では将軍や大名が給地を持たない家臣に支給した俸禄米。蔵米《くらまい》ともいう。

3　摩利支天。陽炎の神格化。自らの姿を隠して災難を除き、利益を与えるという。元はインドの民間信仰の神であったが、日本では武士の守り本尊とされ、護身、富裕、勝利などを祈る摩利支天法が修される。

【原文】

大身の武士は不及申たとへ小身たり共主君より相当の恩禄を申受既に一騎役をも相務る程の侍の義は此身をも命をもかりにも我物と心得候ては事済不申候。子細を申に武家の奉公人の内にも二段の様子有之候。たとへば足軽以下小人中間など申類の者の義は小扶持小切米を取ても昼夜共に其身の暇なく手足に骨をば折候得共其代りには大切の一命を必主君の御用に立ねばならぬと有ごとくの定めとては無之に付武家第一の奉公所と相定りたる合戦迫合の場所におゐて少々逃走か未練のふりあひに及びてもあながち不届と有之ごとくのせんぎせんさくも懸り不申候。然らば其身斗をうり切の奉公人共可申かにて候。扨又武士の儀は二ツなき大切の一命を捨るを以約束の第一と相定めたる奉公人に相極る也。去に依て末々の者のごとく手足にはさのみ骨を折不申候得共すはや大将の御用と有にいたりては一足も引退かずしてはれなる討死をもとげ或は敵の放る矢おもてに立ふさがりて主君大将の御身代りにも罷立事にては是を重宝と有て常々恩禄を厚く給り御目を懸られて召おかるゝと有も乱世には成程御尤の至りと可申候。治世の今時は左様の御入用も無之には武士ほど費にみえかく高直なる物とては無此候。子細を申に大身武士の儀は不及申たとへば百石と申小知にてもあれ十年には千石と申米高に罷成候を親祖父の代より其身の代迄何十年共なく拝領致し来りたる俵子を穀代に積り候はゞ凡如何程の金銀にて可有之哉と考見候ての上に主君の御恩の深きをも又は御家来を扶助被成置るゝ主君の御奥意の程をもとくと勘弁仕り見申事肝要也。其御奥意と申は右のごとく家中大小の諸士に大分の知行切符を年々に下し賜るとあるは大きなる御失墜とある義を主君の御心にも御存じなきと申にては無之候得共主君はもと変の御役人の義なれば万一世の変も有之刻は御大将のよそほひを被成て出勢出陣など有之砌御身上相応の軍役と申儀有之。たとへば十万石と申知行高にて馬上百七十騎弓足軽六十人鉄砲足軽三百五十人鎗百五十本旗本先是は公義より定めおかるゝ所の軍役也。外に召連給ふ人数の儀は其大将の御器量次第又は思召次第の儀也。扨右の通り相定れる軍役の人数を引連御出陣あられたる跡とて居城をあけては置れざる儀なれば在陣の留守におゐて万一不慮の義候ても丈夫に城を持かためて人にとられぬ様に相守る程の人数をば残しおかれずしては不叶。左様の積りを致時は家中人多きごとく常におもはれ候ても何ぞと申に至り不足仕るものは人にて候。尤今静謐の時代ゆへ武士の浪人数限りもなく有之儀なれば其時節に臨俄拘へに仕るともいとやすき儀ながら高きも賤きも人は只なじみと申物が専一にて候。勿論武士の義ならばたとへ俄かゝへに致ても用に立ぬと申儀は有まじく候得共数代数年の厚恩に預り平日の情を蒙りてそれが身にしみこみ何がな一奉公致て日頃の御厚恩をも報謝し奉り度と思ひ詰たる武士ならでは一大事の時の御用には相立申さぬ物にて候。人の主君大将たるかた〳〵には此御心付あるを以常々はさして御入用と申儀も無之候得共大身小身へかけ数多の侍を抱へ置被成て御目を懸られ家中多き生れ代りの侍の中には不器量沙汰をかぎり或は五体不具なる生れ付又は少馬鹿らしくみゆるものをも大目に御覧被成あたりまへの知行切符を無相違被下置てそれ〳〵に被召仕候とあるは若自然の変も有之刻は日頃の御恩と御馴染との二つを以身命をかへりみぬごとくの働をも仕り御用にも相立べきかと有所斗を御秘蔵にも又はたのもしき事共思召是を主君大将の御奥意とは申にて候。然らば即御家来の儀も右主君の御奥意を推量し奉り自分にも又奉公人の奥意を存じ極めずしては不叶。其奥意と申は常々の番役供役使役の儀は治世の武士の只居り役と申ものにて世なみ人並の儀なれば武士の身に取てをしたてたる奉公とは申難し。只明日にも不慮の変も到来の節は人に勝れたる軍忠をも相励むべきと有心懸を以常に武芸をも勤め身上相応に人馬をも持詰武具馬具をも支度仕り扨もしもの変の到来の節我居る備の中にたとへ相組の侍何十人もあれ平場の迫合ならば一番鎗敵城を攻るにおゐては一番乗若自然味方利を失ひ引退く刻はしんがり右三色の働などをば摩利支尊天も照覧あれ人にさせては見まじき物をと口広くこそいはず共我心一つに思ひ定め覚悟を極めて罷在を武士の奉公の奥意とは申也。扨右の如奥意を極る上は我身も命も我物にあらずいつ何時主君の御用と有て被召上べきも難斗と存るからは弥身命を大事に懸大食大酒淫乱等の不養生を慎み一日たり共永く此世に逗留いたし是非一度主君の御用に立てこそ捨べき命と存るからは畳の上の病死をさへも本意と思はずましてやいはりにも立ぬ喧嘩口論などを仕出して友傍輩を打果し我身命を失ふと有は一かたならぬ不忠の大不義と覚悟致して深く是を慎むべき也。其慎の第一は先むざと口をきかぬがよきなり。惣而武士の多言とあるは嫌ふ事なるに其心得なく役にも立ぬ口を多くきくから起りて口論あり口論がつのりて喧嘩に及び喧嘩に成ては必雑言あり武士と武士の出合にて互に雑言に及びて後其上の無事とある義は千万に一つも無之道理也。去に依て最初口論に及ぶ前かた其心得を致し兼て主君へ捧げ置たる身命と有義を存出して押へ拘へを仕るを忠義の武士共申又は分別者共申にて候。然りといへども家中多き傍輩の内には気違同前の馬鹿ものと申すも有まじきにあらず。左様の馬鹿者はおのが不理窟なる事をいへども人がきかぬふりを致し相手にならぬごとく仕るを扨は臆したるぞと心得て弥かさに懸り種々の悪言をはき散しいかなるものも聞すてに致ては指置がたき不叶ごとくなる雑言を申懸る事もなくては不叶。是を武士の身の上にて時の不運横難とは申にて候。万一左様の仕合に出合候時は其雑言の下におゐて急度分別を極め成程心をしづめ気を落しつけて時節所がらのよしあしをも考へ相障る事あらば其場を延て宿へ帰り公私に付て大切の用事などをばそれそれに埒を明此世の中には心に懸る義も無之ごとく致し扨右の口論の次第をば側に居合てよく承知致せる傍輩共を証拠にして一通の書置を認残しさて首尾を見済して十分の利運をとげ前日の意趣を晴して後即座に自殺を致共又は検使を乞請て腹を切共其上の儀は心次第なるべし。然る時は諸傍輩の儀も尤の至りと感心仕り主君の御心にも神妙の致方と有思し召はなくて不叶。然る時は不忠の申わけも少は相立申かにて候。然るを其考なき若輩の族は共時の怒に移り馬鹿者と出合ては其身もともに躍り合卒爾なる犬死同前の死を致と有は右に申奉公人たる武士の身命は兼て主君へ指上置我物にあらずと有存わきまへの無之故とならでは可申様無之。能々思量尤也。初心の武士心付の為仍如件。

三一

奉公仕る武士我居屋敷にてもあれ長屋にてもあれ近所に罷在傍輩の中に重き病人又は愁事など有之におゐてはたとへ其者へ心安からぬあ…

主君に仕えている武士が、自分の屋敷または長屋[1]に住んでいるのであれば、近所の同僚に重病人が出たり、または不幸などがあったりした際には、たとえその人と親しいとは言えない間柄であっても、高笑いや音曲などは固く慎み、その心がけを妻子や召使いなどにもしっかりと申し付けておくものである。つまり、その隣人への配慮のみならず、他の同僚からも、「あの者は不遠慮だ、無作法者だ」などと謗《そし》られないように慎まなければならない、ということである。

初心の武士の心得として、件のごとしである。

1　大名は、大名屋敷の敷地内にも長屋を作り、家臣らを住まわせた。

【原文】

奉公仕る武士我居屋敷にてもあれ長屋にてもあれ近所に罷在傍輩の中に重き病人又は愁事など有之におゐてはたとへ其者へ心安からぬあいさつたり共高笑音曲等の義堅く相慎み妻子召仕などへも其段急度可申付也。其先のものゝおもわく斗にも無之諸傍輩の下墨にも不遠慮の至り扨も不作法者かなと有誹はなくては不叶と有つゝしみなり。初心の武士心得の為仍如件。

三二

我が妻女などの身の上におゐて心にかなはざる儀も有之候はゞ事の道理を言わけてよく合点を致ごとく申教て少々の義ならば思ひゆるし…

武士という者は、自分の妻に対して不満がある場合には、きちんと物事の道理を説明して妻が理解するように教え、たいしたことでなければ少しはこちらが耐えて寛容でいるべきである。しかし、その妻が極めて性格が悪く、全く役に立たない者であれば、暇をやって親元に送り返すのも当然である。

以上のようなこともせずに、自分で女房と決め、他人にも奥様、カミさまなどと呼ばせている者に対して、大声で種々の悪口雑言を浴びせるのは、市井《しせい》の裏屋、背戸屋《せどや》に住んでいる日雇い風情の者であればともかく、一騎役を務める武士としてはあるまじき行為である。

まして、妻に対して腰刀などで脅す、あるいはこぶしで殴るなどとは言語道断、それらは全て臆病武士のやることである。

武士の娘として生まれ、人の女房となるような年齢ともなれば、もし男子であれば人に殴られれば堪えられないところを、女だからと涙を流して我慢するのである。自分に手向えない相手と見て、暴力をふるうなど理不尽な行為に及ぶのは、勇猛な武士ならば決して致さないことである。そして、勇猛な武士が嫌悪して決して行わないようなことを好んでする者を、臆病武士と呼ぶのである。

初心の武士の心得として、件のごとしである。

1 裏屋は裏通りにある家。商家の裏側や路地などにある粗末な家。裏店。背戸屋は他家の裏にある家。

【原文】

武士たらんもの我が妻女などの身の上におゐて心にかなはざる儀も有之候はゞ事の道理を言わけてよく合点を致ごとく申教て少々の義ならば思ひゆるし堪忍仕て差置ごとく尤也。然れども至て心だてあしく畢竟用に立まじきと存る程ならば一向に暇を遣し親のもとへ送り返すべきは格別の義也。さながら左様にも致さず我女房と定め奥様かみさまと人にも言せて差置ものへ対し高声をあげ種々の悪口雑言に及ぶと有は市町の裏屋せどやなどに住居仕る日用山ごしの風情のものゝ義は格別既に一騎役をも勤めべきと有武士の所行には決して有まじき儀なり。況や以腰刀などをひねくり廻し或はにぎりこぶしの一つもあて候ごとくの義は言語道断の不届にて是皆臆病武士の仕業也。子細を申に武士の娘に生れ人の女房と成程の年齢にて男子の義ならば人にこぶしなどをあてられては中々こらへぬ筈なれ共女性の浅ましきに是非なくなみだを流して堪忍をば仕るにて候。惣て我に手向ひのならぬ相手と見懸て理不尽の仕形に及ぶごとくの義をば猛き武士は決て致さぬもの也。猛き武士の嫌てせぬ事を好みて致すものをさして臆病とは申にて候。初心の武士心得のため仍如件。

三三

主君を持たる武士寸暇も無之日参のけはしき奉公を仕るに付て第一の心得あり

主君に仕えている武士として、少しの暇もなく毎日の厳しい奉公を勤めるにあたり、まず心得ておかなければならないことがある。

それは、奉公とは必ず長く続くものであると思わずに、ただその日限りのものであると覚悟するということだ。なぜならば、無常のこの世に生まれた人間であれば、身分の上下に関わらず誰一人として明日の保証がされている者などはおらず、いつどのような不慮の事態が起こるとも限らないからである。

特別なことがなければ主従関係は何年でも続くのが道理ではあるものの、まず奉公は一日限りと覚悟すれば、退屈することもなく、どのような作業であっても投げやりに行うこともなくなり、何事もその日限りと心がけているので勤めにも精が出て、自然と失敗や失念などをしなくなるのである。

それを、いつまでも変わることのない末永き奉公と考えてしまうと、何をしても退屈し、心が緩み、気も抜けてしまうので、不急の用は言うに及ばず、たとえ手際よく相談し、迅速かつ適切な処置を取らなければならない主君のご用であっても、「それは明日済ませればよい」「これは後回しでよい」などと投げやりになる。また、同僚の中でたらい回しにし、誰一人責任を持って処理しようとする人がいない状況になるので、やり残しの仕事が重なり、ますます物事が進展しなくなってしまう。それらは、奉公が一日限りであると肝に銘じることもなく、油断してしまうために起こる過失であり、最も気を付けるべきことである。

また、一ヶ月に何日と決まっている勤番《きんばん》の奉公にあたる武士の心構えとして、例えばその日の夕方六時が番所の交代時刻であるならば、主君のお館と自分の住家との道のりや日の長さを考え、常に家を少し早めに出るようにするのがよい。出勤することを渋り、茶を一服、たばこを一服と申してぐずぐずし、あるいは女房や子供とちょっとした雑談などで時間を過ごし、家を出るのが遅くなり、それから急に慌てて、行き違う人が誰かも分からないほど道を急ぎ、汗を流して番所へ駆け付け、寒中だというのに扇子を使いながら、「ちょっとやむをえない用事があって遅くなりました」と口先上手に言い訳をしたところで、きちんとした人には、「馬鹿な言い訳をしているな」と思われるのである。

そもそも、武士の勤番とは、仮にも主君のご座所を警護する役であり、武士の奉公の中でも最も重要な務めである。そのため、たとえ何事があろうとも、私用による遅刻などは考えられないことである。

また、常に早めに出勤する者であっても、交代役の同僚の出勤が遅れると、待ちかねて大あくびをし、主君のお館に長く居ることを嫌がっているかのように急いで帰り支度をするのも、見苦しいので慎むべきである。

さて、自分の両親が病気になり側を離れられない場合に、看病のためと届け出て当直を外してもらうのはやむをえないことであろう。一方、子供の病気の場合には、その親の身分によるのである。身分の上下を問わず、子供の病気を心配しない親などはいないものだが、自分の代わりに看病する家来の一人や二人も持っている身分であり、子供がそれほどの重病でもなければ、子供の病を理由に看病のためと届け出て当直を休むのはよろしくない。ただし、身分が低く、家来もいない者であれば、子供の看病を理由に休むのもやむをえない。

身分の高い武士は言うまでもなく、たとえ身分が低い武士であっても、自分の妻が病気であるから看病のためと届け出て、主君へのご奉公を休むのは大変よろしくないことであるが、妻が重病である時には、自分の病ということにし、家にこもって看病をするのが妥当な方法である。

初心の武士の注意として、件のごとしである。

【原文】

主君を持たる武士寸暇も無之日参のけはしき奉公を仕るに付て第一の心得あり。其子細を申に必以行末永き勤めと有ごとくの心の差出ざる様に只其日ぎりの奉公と覚悟尤也。其故いかんとなれば不定世界の人間は高きも賤きも誰一人明日の儀を存たる者とては無之義なれば主従の間におゐてもいか様なる不慮の義の出来可申も難斗。若別條なきに於ては何年也とも末の儀はつゞかれ次第。先奉公は一日切とさへ覚悟仕れば物に退屈する事もなく諸事をなげやりにも不仕何事も皆其日払と心得るを以て別而勤に精も出るを以おのづから不念失念と申義も無之道理也。然るをいつまでもかわる事なく行末永き奉公と存るから事起りて物に退屈仕りそれより心もゆるみ気も怠り事のゆるやかなる儀は不及申たとひきは〳〵と相談を遂て埒を明ずして不叶ごとく成主君の御用向までもそれは明日の義是は重ねての事と打やりなげやりに仕り或は同役仲ケ間にてもあなたへはねこなたへぬり誰一人身に引懸てせわのやきてもなければ諸事はいやが上にかさなりつかへて不埒なる事のみ多きごとく成行候と有は是皆行末の月日をたのみ武士の奉公は一日切と有義を存じ弁へざる油断の心より起る過失也。尤おそれ慎むべし。さて又一ケ月の内幾日宛などゝ相定れる勤番の奉公を仕る武士の覚悟には其日の暮六時を限りたる番所の交代ならば主君の御舘と我が番所の間の道のりと日の長短を考へはかりいつ何時も寄所を少早目に出るごとく心得べき也。とても出べき勤番所へ出がらかひを仕り茶を一服たばこを一ぷくと申てふよつき或は女房子共と一口づつの雑談に時を移して宿を遅く出ては俄にうろたへ行違ふ人の見さかひもなき程道を急ぎ又汗を流して番所へ駈つけ寒中にも扇子をつかひながらちと不叶用事有之おそく罷出るなどゝ利口がましく申と有は扨もうつけたる口上かなと心あるものは不存しては不叶。子細を申すに武士の勤番と申はかりそめながらも主君の御座所を警衛仕る儀なれば武士の奉公にとりては第一の勤也。然る上はたとへ何様の義たるといふ共私用などを以て遅参に及ぶべき義にては無此候。且又右の心得を以我が身もいつとても早く出勤いたすと有ても相手かはりの傍輩の遅く出るを待兼もゝ尻に成て大あくびを仕り主君の御舘の内には暫も居る事をいやがり帰り急ぎを仕ると有は近頃見苦敷次第也と是を慎むべき也。扨又我が両親などの煩申を見離れ難きと有て看病断などを申て番を引とあるは尤左も有べき義也。子どもの煩と申に至りては其親の身上勾倍にもよるべき事也。其故いかんとなれば大身小身を限らず子の煩を親の身にて心元なく存間敷様とては無之候得共我に代りて看病を遂る家来の一人も二人も持て罷在身上にてさのみ大切と申程の義にても無之子共の煩の看病理りを申立当番を欠と有は相当らざる義と可申候。但小身武士などの慥成家来をも持ざる者は介抱を兼ての義なればそれは又格別の子細なるべし。就中大身は不及申たとへ小身武士たりといふ共我女房などの煩に付看病ことハりを申立主君への奉公を欠と有ごとくの義は大きに不可然儀也。然共其病気大切と有之においては自分の煩と申立て引籠り看病を致し遣し候とあるは尤の至りと可申候。初心の武士心付のため仍如件。

三四

主君の御側近く奉公仕る武士時折節の御心付として御定紋の付たる御小袖又は上下などを拝領致候におゐては御紋付の小袖を着用の時は…

主君のお側近くでご奉公する武士は、時折主君のお心付けとして、ご定紋《じょうもん》の付いた小袖[1]や裃《かみしも》[2]などを拝領することもある。「主君のご紋が付いた小袖を着用する時には、自分の家の家紋が付いている裃を着用し、主君のご紋の付いた裃を着るのであれば、小袖は自分の家の家紋の付いたものを着用するもの」と心得ておくべきである。

ところが、もし小袖も裃も共に主君のご紋が付いたものを着れば、主君のご親類と同じようになってしまい、主君に対して無礼極まりのないこととなる。その上、家中の人々の目に入れば、「主君から称号のお許しなどいただいてもおらぬのに、なんとも無作法な馬鹿者だ」と謗られるものである。主君のご紋が付いた小袖と裃を揃えて着用することをご法度とした家があるのも、そのような理由によるのである。

また拝領した小袖が古くなり着られなくなった場合には、ご紋は切り抜いて焼き捨てるべきである。なぜならば、身分の低い武士は、女房や召使いなどに申し付けて古小袖のすすぎ洗濯をさせるだろう。その際に、女房や召使いが何の考えもなく、ご紋の付いた小袖を継ぎ当てに使い、下部の裏地などに用いてしまったり、ご紋付とは知らずにそれを下着や寝巻きにして、ご紋を踏み汚してしまったりすると、その因果として知らぬ間に主君の罰を受けることになり、「尻ばす」「すねくさ」[3]などという下半身の病気にかかって、大変に難儀をするものだ、との言い伝えがあるからである。たとえ、そのような病気にかからないとしても、武士の義理を弁《わきま》えている者ならば、以上のようなことはよくよく注意して慎むべきである。

初心の武士の注意として、件のごとしである。

1 袖口をせまくした垂領《たりくび》の長着《ながき》。
2 江戸期の武士の式服。同じ地質、文様、色目からなる肩衣と袴の略称。
3 どちらも臀部や脛の腫れ物などの病。

【原文】

主君の御側近く奉公仕る武士時折節の御心付として御定紋の付たる御小袖又は上下などを拝領致候におゐては御紋付の小袖を着用の時は自分の紋付の上下を着し御紋付の上下を着し候はゞ小袖は定りて自分の紋付を着し候ごとく相心得尤也。然るに小袖も上下も一様に御紋付を着し候ては主君の御身近き御親類方にひとしき様子なれば先は主君へ対し奉り慮外の至り也。その上他家中のものゝ目にあたり候時は主人よりいつ称号をゆるし給ふとある沙汰もなきには近頃不作法の至りうつけたるなりかなとそしりもなくては不叶。子細は主君の御紋付と有小袖上下を取そろへて着用仕る義堅く停止と法度の出たる家々も有之故なり。且又右拝領の小袖ふるく成て着用ならぬと有時は御紋所は切ぬきて焼捨べき也。其子細を申に小身武士の義は女房召仕などに申付古小袖のすゝぎせんたくをも致させずしては不叶。左様の刻女の義なれば何の心も付ず御紋付てある古つぎを以腰より下のうらづきなどにも用ひ候ごとくの儀有之候をそれとはしらずして下着寝巻に仕り御紋をふみけがし候時は其冥加に尽て我しらず主君の御罰を蒙り或は尻ばす又はすねくさなど申腰より下の煩を病出し難義迷惑に及ごとくの義ならでは不叶と申伝へ候。たとへ左様の煩を致さぬとても武士の義理を弁へたる者の上には堅く恐れつゝしむべき儀也。初心の武士心付のため仍如件。

三五

或人のいはく上古には武士と申ものは無之農工商の三民迄にて事済候処に右三民の中より盗賊と申もの出来て民人を悩し苦め候得共三民…

ある人の話によると、大昔には武士という身分はなく、農工商の三種類の身分で済んでいたのだが、その三民の中から盗賊が現れて民を苦しめるようになり、三民の力ではこれを防ぐことができなかったため、集まって相談をし、農民の中でも家系や人柄のよい人物を選び、侍と名付け、農業をしなくても衣食住に何の不足もないようにして、盗賊の被害から人々を守るための役人と定めた。そして、その役人を三民の上座に立て、お侍と呼び敬うようになったのである。

その者も鍬や鋤を手に取るのをやめ、盗賊を成敗するための心得として弓矢、乗馬、槍や太刀の振り回し方などの訓練に取り組んだ。すると、盗賊どもも恐れをなして、大勢が申し合わせて深い山林や谷に住処《すみか》を定め、要塞を構え、自分たちに合った武器を揃え、無闇には殺されないように用心をするようになった。それを受け、各地に散らばっていた侍たちは申し合わせて軍勢を揃え、その内の一人の侍を大将として立て、その者の指図により種々の作戦を立て、盗賊の居場所を襲撃して退治した。これに、三民の人々はおおいに喜んで安堵し、侍を重宝な役人と見なすようになり、こうして士農工商の四民が成立した。これが武家の始まりとされている。

筆者は浅学《せんがく》非才《ひさい》のため、この説の真偽を確認することはできない。しかし、今でも農民をやめて侍となった者を侍仲間が嫌うことはなく、また、侍をやめて農業に従事するようになったとしても、少しも疵にならず、再び侍に戻ることもできる。しかし、職人や商人から武士にはなれず、もちろん武士をやめて一日でも職人や町人になった者は、再び武士に戻ることはできない。これらは先程の説を踏まえて考えれば、理に適ったことのように思われる。

そうなると、武士とは紛れもなく三民に安堵の感を与えることが役目の者といえよう。よって、身分の上下に関わらず武士と呼ばれる者であれば、三民の人々に対して無理非道な振る舞いをしてはならないのである。ところが、それとは反対に、農民に対しては無理な納税を要求し、その上色々と過酷な労働を割り当てて人々を破産させ[1]、職人に物を作らせてもその代金や手間代を惜しみ、町人商人などから物を購入してもその代金を払わず、なおかつ金銀を借りて返さずとも平気な顔をしているのは、武士の本意に外れた大不義というものである。

これらをよく了解し、領地の百姓をも少しは労り、職人たちを破産に追い込まないようにし、町人から借りた買掛金や借金も、たとえ一度には返済できなくとも、徐々に返していき、少しも損をさせないようにする、との心がけがなければならない。

盗賊を戒める役人から始まった武士であるのだから、盗賊の真似をするようなことがあってはならない、との心がけを持つことが肝要である。

初心の武士の注意として、件のごとしである。

1　農民に対しては過役、賦役と称して人身への課税が見られた。特に労役を課すること。江戸時代には築城を始め川除《かわよけ》、道普請などの土木工事に振り向けることが多かった。

【原文】

或人のいはく上古には武士と申ものは無之農工商の三民迄にて事済候処に右三民の中より盗賊と申もの出来て民人を悩し苦め候得共三民共の力を以是を防ぎ申義不罷成を以て打寄相談を遂同

じ農人の中におゐても筋目を正し其人がらをゑらびて士と名付農業を止させ衣食住の三つ共に何の不足も無之ごとく三民の阨害に仕り賊を防ぐ為の役人と定三民の輩の上座へ立して御侍と申てあがまへうやまふごとく致すに付其侍の義も手に鋤鍬をとり止賊徒を誅罰仕る時の心得として弓射馬にのり或は鎗太刀のふり廻し様の手練を肝要と仕るを以盗賊共も是を恐れて大勢申合せ山林幽谷の間に居所を設て要害を構て自分にも似合の武具兵具を支度致してたやすく討殺されぬ用心を仕るに付右在々所々に罷在武士共各申合せ勢を揃へて大将分の侍を一人取立其ものゝ下知差図に任せ種々の武略手段をなして彼地へ押寄盗賊共を退治仕るごとく致すに付三民の輩大きに悦び安堵の思ひをなし弥以侍を重宝の役人と存じて彼是仕るより事起りて士農工商と有四民の作法と定かにて武家の初り也と有之。某文盲至極の義なれば此一説の虚実を相考へ申義とては不罷成。然共今時の世間におゐても農業を止て武士と成たる者をば武士の仲ケ間にてもさのみ嫌ひ不申又武士をやめて農業を勤たる分は少も士の疵にもならず重ねて又武士共なられ申ごとく有之候。職人商人の中よりは武士にも成がたく勿論武士をやめて一日たり共職人町人に成候てからは重ねて武士は務り兼るごとく有之様子を以相考へ見申時は右の一説もゆへ有儀の様にもおもはれ申也。然者武士と申ものは三民の輩に安堵の思ひをなさしむべきが為の役人に紛無之候。然る上は大身は不及申小身たり共武士と呼るゝ身としては三民の輩などに対して無理非道の仕形とては仕間敷道理なるに一向左様無之農人へは無躰なる収納を申懸其上に種々の過役をあて取つぶし職人に物をあつらへては其作料手間代をもやらず町人商人などの手前より物を調へては其代物を無沙汰致し或は金銀をかりても横に寝てかり取に仕ると有は武士の本意にはづれたる大不義と可申候。爰の所を能々了簡いたし領知の百姓をも少は痛はり諸職人をもたをさぬごとく仕り町人商人の手前に有て買懸り借金等の義もたとへ一度にこそは返済不罷成候とも連々を以少宛も是を遣し損をさせ迷惑を致させぬ様にと有心入はなくては不叶候。盗賊をいましむる役人たる武士として盗賊の真似を仕べき様とては無之候筈の儀也とある心得肝要の所也。初心の武士心付のため仍如件。

三六

奉公仕る武士主君の御意を以諸役被仰付申にも御勝手向に懸りたる諸役の義はいか様に致てなり共相遁れ候様にとの心得尤なり

主君に奉公している武士は、その御意によって諸々のお役を仰せ付けられるのであるが、財務・会計に関わる役職[1]は何としてでも逃れるようにすべきと心得ておく必要がある。

その理由を述べると、その家の諸奉公人を始め、城下の町人から郷村の百姓以下に至るまで、誰の迷惑にもならないようにしながら、その上でご主人のお力となるように会計を取り仕切るということは、大変素晴らしいことで、誠に主君の御為ともなり、それができれば重宝な役人ともいえるのだが、並大抵の知恵や才能では万人が納得するように財政を扱うことは誠に難しいからである。主君の御為にとばかりすれば下々の者に迷惑がかかり、また下々の者が悦ぶようにと考えれば主君の財政状況が悪くなる、というように、どちらか一方に支障が出てしまうものである。

以上の理由で財務、会計に関わる役職には就かない方がよい、というのである。

加えて、どれほど知恵や才能のある武士であっても、その心は貪欲という病にかかりやすく、主君の会計を取り仕切り、人々から信頼もされ、金銀のやりくりも自由自在とあれば、驕《おご》りも生じて幅を利かせるようになり、自然と身分不相応な暮らし向きを望むようになる。そして、えこ贔屓《ひいき》をするようになり、家計が成り立たなくなれば公金横領などに及び、外聞も悪く身の上をつぶし零落してしまう。このような者を名付けて「盗臣」というのである。

また、当人はそれほど欲深くもなく、公金横領などはしないのだが、ひたすら主君の御為に種々の思案をめぐらして、そのお家の代々のやり方とは異なる新法などを定めてしまう者もいる。そして、その新法が家中の諸奉公人の難儀や迷惑の元凶になるとの考えもなく、城下の町人には重税を課し、郷村の百姓には高い年貢をかけることになるのである。それは主君のお家の後々のことや民の苦労を全く考慮せず、目前の利益となるような工夫にばかり精を出しているからとも言えよう。

そして、分別が足りない家老、年寄、重臣などをだまし、そそのかし、まるめこんで、政策を承知させ、それを推し進め、「お家の為によいことをしたものだ」と思い込み、筋違いの褒美を申請する。しかも、その政策がうまくいかず、取り返しが付かない結果を導いた時には、例の家老や年寄の失敗であるかのように偽装して、自分はそれらの人々の影に隠れて罪やお咎《とが》めを逃れ、難を避ける策を講じる者もいる。このような者を名付けて「聚斂《しゅうれん》の臣」[2]というのである。

先に述べた「盗臣」も不届き極まった不義ではあるが、主君の物を盗み取るという武士にあるまじき行為をして、天罰を受け、それが露見して、その身命を亡ぼしても、その者一人が失脚するだけで、他の人々の難儀迷惑となることもなく、お家の経営の邪魔や国への災いとなるようなことはない。

一方、「聚斂の臣」は、広く万人の痛みとなるようなことを引き起こし、重ねてやり直しのできないお家の政道の邪魔ともなり得るので、たとえ私利私欲を求めた横領はしていないとはいえ、罪としてこれ以上のものはない。だからこそ、中国の聖人の詞《ことば》にも「聚斂の臣あらんよりは、むしろ盗臣あれ」[3]と言われているのである。

そもそも、武士としては「盗臣」と呼ばれるより重い悪事はないように見えるが、聖人の詞に「聚斂の臣あらんよりは…」と言われるように、「聚斂の臣」こそが武士の最大の罪科《ざいか》なのである。そのようなわけで、「盗臣」の罪で打ち首となるのであれば、「聚斂の臣」は磔《はりつけ》の刑にでもすべきであろう。

ただし、孔子の時代までは「聚斂の臣」と「盗臣」とは別の悪事とされていたため、「聚斂の臣よりは盗臣の方がましだ」という批評となったとも聞いている。しかし最近では「聚斂の臣」として、下々の人たちが難儀迷惑をするようなことばかりを考えながら、しかも「盗臣」も兼ねて人々の信頼を受ける役職であるのをよいことに種々の策をめぐらし、何としてでも人の物を自分の手元に取り込み、財を増やすことばかりに注力し、身分不相応な贅沢な暮らしをしている上、普通の人が持ち得ないような金銀を貯蓄している者もいる。それは、表向きは主人の為に行なうふりをしながら、実は私腹を肥やそうとして手段を講じて得た不義の富なのである。このような者を名付けて「聚斂」「盗臣」を合わせた「大賊」というのである。このような大罪人は、どのような罰を与えられたとしても当然である。

以上のことから、神仏のお力に頼ってでも、主君の財務、会計に関する役職は仰せ付けられないようにと願うのが、武士としての正しいあり方である。もし空きがあれば会計の役職を務めてみたいなどと思う心は、偏《ひとえ》に武運の尽きる兆しであり、「土仏《つちぼとけ》の水遊び」[4]の例えと同様で、恐れ慎むべきである。

武士道の初心者である武士の注意として、件のごとしである。

1 特に幕府諸藩の財政に関する方面。江戸幕府の職名に「勝手方」とあり、財政、民政をつかさどった役の汎称。老中、若年寄、勘定奉行などに担当者が置かれた。
2 聚斂は集め収めること。また、支配階級に属する者が、人民に対して、過酷な取立てを行なうことといった意味もある。
3 『礼記』大学に「百乗之家、不畜聚斂之臣與、其有聚斂之臣、寧有盗臣。此謂國不以利為利、利以義為利也」（百乗の家は聚斂の臣を畜わず。其の聚斂の臣有らんよりは寧ろ盗臣有れ。此れ國利を以て利と為さず、義を以て利と為す、と謂うなり）とある。
4 危険が身にせまることを知らないで、自分で自分の身を持ち崩すことの例え。

【原文】

奉公仕る武士主君の御意を以諸役被仰付申にも御勝手向に懸りたる諸役の義はいか様に致てなり共相遁れ候様にとの心得尤なり。子細を申に其家中大小の諸奉公人を始め城下の町人郷村の百姓以下に至る迄少も迷惑不仕して然も御主人の御力に罷成ごとく御勝手をとりまかない申と有は至てよき事に而真の御為者共御重宝なる役人共可被申事に候得共只大方の智慧才覚にては左様に双方共よき様にとは難成に付一筋に主君の御為にさへなればと存る時は下の諸人の難義迷惑となり又下つかたの悦ぶ様にと斗仕候ては上の御勝手にあしきごとくいづれぞ一方へは必相障り不申とある儀は無之。爰を以同じくは左様の役義には懸り合ざる様にとは申にて候。其上いか程利根才覚に生れ付たる武士の心にも貪欲と申病気は付安き物なる故主君の御勝手向を取まかなひ諸人の用ひに預り金銀のやりくりも自由になると思へば頓ておごりの心も出来身のはゞも致度と有気配かとなり自然と分外の暮しを仕るを以心ならずの引屓を致し勘定立兼候時は私欲取込の沙汰に及びて外聞あしく身上をつぶし迷惑に逢は定り事也。是を名付て盗臣とか申にて候。扨又其身はさのみ欲深くも無此引屓取込と有義は不仕といへ共一むきに主君の御為と申て種々の思案をめぐらし其家前代の仕置の筋に違ひたる新法の簡略などを仕出して家中大小の諸奉公人の難義迷惑に罷成と有勘弁もなく城下の町人には過役をあて郷村の百姓には高免を仕かけ或は向後其家の仕置の邪魔になる国家のつゐゑ民の煩となるならぬと云考へにも不及当分眼前の利潤とみゆるごとくの義のみを工夫仕出し分別不足なる家老年寄出頭人などをだましすゝめて是をのみこませ其事を取持せて扨もよき御為を仕候と有取なしを以筋なき加増褒美を申請若も其新法不益にして致し直しのならぬ不調法と有時は件の家老年寄抔の下知差図の致しそこなひと有之ごとく仕なし己は其人のかげにかくれて罪科を遁れ迷惑致さぬ分別を仕る如此なるを名付て聚斂の臣とは申也。右に申盗臣の義も不届沙汰を限りたる不義とは申ながらも武士に似合ざる主君の物を盗取天罰を蒙りそれがあらはれ候ては身命を亡し独ころびをさへ仕れば事済埒も明て諸人の難義迷惑となる事もなく勿論主君の御家の仕置の邪魔国土の煩にも罷成ごとくの義はさのみ無之物にて候。聚斂の臣と申ものはあまねくの人のいたみになるごとくの義をあみ出し重ねて致し直しの成兼る様なる国家政道の邪魔になるごとくの義をも致し初る物にて候得共たとへ己が身につくごとくなる私欲取込を致さず共大きなる罪科人と申ては此上有べからず。されば杜唐国聖人の言葉にも聚斂の臣あらんよりはむしろ盗臣あれとやらん有之げに候。抑武士の身にとりて盗臣の名を蒙るより外に重き悪事とては無之義の様に存候へば聖人の御詞に聚斂の臣あらんよりはと有之候からは武士の罪科の至極と申は聚斂の臣にとゞまり申候。然ば盗臣の科しめに首を切候におゐては聚斂の臣をばはりつけにも懸申度事にて候。但孔子の時代迄は聚斂の臣と盗臣とも別々の様子なればこそ聚斂の臣よりは盗臣をましかと御批判と相聞候。近世に至りては其身聚斂の臣にして下の諸人の難義迷惑致すごとくの義のみを工夫致し然も又盗臣の所行をも相兼己が役義の威光を以諸人の用ひに預り種々の手段才覚をめぐらしとにもかくにも我が手前へ人の物を取込分別を肝要と致しおのれが身上に不相応なる宜き暮しを仕て其上に人の持にくき金銀迄をも過分につみ貯るとあるは別義にあらず表向は主人の御為を致すなりを致して内証はおのれが勝手になる様にと斗調義仕るから起る不義の富に相極まる也。是を名付て聚斂盗臣を合せたる大賊とは申にて候。かやうの大罪人の義ならば如何様の罪科に申行ひて可然と有批判に及び難し。去に依て武士を心懸るものは仏神の力を頼てなり共主君の御勝手向へ懸りたる諸役の義ならば仰付の無之様にと存るは武士の正義也。然るに若左様の役義の明もあれかし勤めて見度など存る心の差出候とあるは是ひとへに武運の尽る端相にして土仏の水あそびと申たとへにひとしき道理也とおそれ慎むべし。武士道初心の武士心付の為仍如件。

三七

武士たらんものゝ至て頼母敷意地の有之と申は武道の正義に叶ひたる義なれば一段とよき事にて候

武士にとって他人から頼りにされるということは、武士道の精神にも適い、非常にすばらしいことである。

とはいえ、訳もなく頼もしい素振りをして、関係のない所で出しゃばり、必要のない苦労を背負う者は「出しゃばり者」、「ちょっかい好き」などと呼ばれ、非常によろしくないものである。若い侍はこのことを心得ておくとよい。少しは手助けした方がよいかと思われても、人から是非にと頼まれたことでなければ構う必要はない、ということである。

その理由は、小事はもちろん、たとえどのような難しいことであろうと、武士であれば「頼むぞ」「頼まれるぞ」と約束したからには、我が身にかけて、いかなる苦労をしてでも世話するのが当然だからである。ことによっては、主君や親兄弟の為でさえ簡単には捨てられない命を、捨てなければならないであろう。よって、深い理由もなく頼もしそうに安請け合いをしてはならないのである。

昔の武士は、人に何か頼まれた際には、できるかできないかをよく考え、できないことは最初から請け合わず、できそうなことであっても、そのやり方や筋道などをよく思案してから請け合ったものである。そのため、引き受けた時点で大方の手筈《てはず》は整えてあるので、首尾が悪く失敗するなどということはなく、他の人からも、「よくぞやり遂げてくれた」と誉められたものである。

逆に、深く考えもせずに、人から頼まれると安請け合いをし、首尾悪く不都合なことになろうとも、それを何とも思わないような者には「不埒者《ふらちもの》」の汚名が着せられるのである。

また、人に自分の考えや説教じみた意見を申し上げることも、親切心によるもので、正しいことのように思われるが、よくよく考えるべきである。

詳しく述べよう。親、師匠、兄、伯父などが、子供や弟子、甥に対して申すのならば、たとえどのような意見や批判であっても許されるが、その場合でも、武士が相手にものを申す際には、重大なことと捉えて配慮すべきである。まして、友人などに対して意見を述べる場合は、当然慎重を極めるべきである。

また、親類他人に限らず、日頃から気軽に挨拶を交わす間柄の者が、「どうしても判断できないことがあるのだが、これはどうしたらよいだろうか」などと相談をしてきた時には、始めから、「自分にはよく分からないので」として相談に乗らなかった場合はともかく、相談に乗ったからには、たとえ相手の考えと合わず気を悪くさせてしまうようなことでも、少しも遠慮せず、論理的に自分の考えの一切を申し上げるのが、最も信頼できる武士の姿である。

ところが、心が弱く、「このようなことを言っては、相手の機嫌を損ねないだろうか、気に触らないだろうか」などと遠慮して、その場しのぎの応対をすると、相談をしてきた人に言わなくてもよいことを言わせてしまったり、間違った方法などを取らせてしまったりなど、人の謗りや嘲りを受けるような目に遭わせてしまうことになる。これは自分が頼りなく、相談する甲斐もない人物であることによる失敗である。

自分を信頼し、相談をしてきた人に対しては、正しい道理を以て相談に乗るべきである。ところが逆に、自分の勝手な思い込みに任せて、相手に失敗をさせてしまうような思慮に欠けた者であれば、それ以降親しい関係が築けなくなってしまっても当然である。

既に相談に応じていながら、先方に気兼ねや遠慮をしてしまい、理に適わないことまでも肯定してしまうなどというのは、武士のすることではない。加えて、後々には、「誰それがそのことの相談相手であったらしいぞ」などと人の噂にもなり得る、ということも考えておくべきである。

初心の武士の注意として、件のごとしである。

【原文】

武士たらんものゝ至て頼母敷意地の有之と申は武道の正義に叶ひたる義なれば一段とよき事にて候。然りといへども訳もなく頼母しだてを致してかけもかまはぬ所へも差出我が苦労になる間敷事迄をも荷ひ取持候ごとくなるをばさし出もの共申又は物にかゝりなどゝも沙汰仕り大きに不宜候。若き面々其心得尤也。是は少しかまひてもと存る事也共人が是非と言てたのまぬ事ならばかまはぬ程の義は無之候。子細を申に小事は不及言たとひ如何様のむつかしき事たり共武士の上におゐて既に頼むぞたのまるゝぞと申に至りては我が身に引懸苦労に致しせわにも不仕しては不叶事の首尾によりては主君親兄弟の為にさへむざと捨ぬ武士の一命をも其儀に懸りあいては是非なく相果し申すごとくの儀も有間敷にあらず。爰を以わけもなきたのもしだてを無用とは申にて候。古き武士の義は人に物をたのまれ候へば是はなる筋ならぬ筋と有義を勘弁仕りて是は成まじきと存る事をば最初より請負不申是は可成筋の義と存ずるごとくの一義も其仕様仕形の筋道を思案致して後其義を慥に請負たのまれ申に付すでに請負候程の義は大かた相調ひ首尾不合の義とてはさのみ無之物にて候。去に依て人も埒明かなと誉事にも仕るにて候。然るに其考なしに人が物をさへたのめば心安く請負首尾不合なれ共それを何共不存ごとく有之時は不埒者とある名取を仕るは定り事也。扨又人に我が思ひよりを申或は異見などを加へ候と有も是又頼母敷心立より事起る義なれば可然事の様に聞へ候得共是以勘弁有べき事にて候。子細を申に人の親師匠兄伯父などいはるゝ者の身にては子や弟子や甥弟などへ対してはたとへいか様の異見おもひよりを申過し候ても苦しかるまじき義にて候へ共それさへ武士たるものゝ口より物を申出すとあるは重き儀也とある遠慮勘弁はなくては不叶候。況や友傍輩などへ対し異見存寄などを申とあるは大切の至り也と了見尤也。且又親類他人によらず日頃心易あいさつなるを以何ぞ共身の思案に落兼るごとくの義など有之を是は如何致て可然かなどゝ打わりて相談を致し懸る義も有之時は始から我等なども合点がゆかぬと言て一向相談に及間敷は格別の義也。既に其相談相手と罷成より初めてはたとへ先の人の心にかなはず気にいらぬ事なり共少も遠慮なく道理をせめて我が存寄の一通りを不残申て見ると有は一段たのもしき意地にして尤武士の正義也。しかるを心よわくてかやうに申たらんには若も心に障るべきか気にあたるべきかなどある下手遠慮を致して間に合なる相談に及び其人にいふ間敷事をいはせ或は仕形の負をとらせなど致して人々のそしりあざけりにあわせ候とあるは人の相談相手に被頼たる甲斐もなき仕合畢竟不頼母敷意地よりおこる不届也。我を人がましく思ひて相談を致し懸るに付ては理の当る所を以相談に及ぶべき義を不用して己が心まかせに致して事を損ずるごとくなる無分別ものならば以来入魂仕間敷は格別の義也。既に事の相談とあるに至りて先の人の気を兼心を兼て事の道理に背き筋目にあたる義を尤左様にも可然など申と有は武士の本意にあらず。其上後日に至り誰々も其事の相談相手にて有之など人の取沙汰もなくては不叶と有遠慮有べきものなり。初心の武士心付の為仍如件。

三八

番頭支配頭の下に付て奉公を勤る小身の武士我が頭たる面々の心入又は組あたりの善悪の義は其身に引請能合点致し罷在に付我々など若…

番頭《ばんがしら》、支配頭《しはいがしら》[1]の下に付いて奉公を勤めている身分の武士は、自分の上役である面々の心がけや、その組織運営の善し悪しについて理解できるのであるから、出世して組を預かるようになったならば、下役の者たちを労り手なずけて、主君のお役に立つように育てようと考えるもので、もちろん、えこ贔屓《ひいき》などは決してしてはならぬと思うものである。

しかしながら、段々に立身出世をして、番頭や支配頭などの重役に昇進していくと、かつて組子《くみこ》、組下《くみした》[2]であった頃の気持ちを忘れてしまい、部下を労り、手なずけて、主君のお役に立てるようにしよう、といった志は消えてしまうのである。

たとえ、運よく主君に気に入られ取り立てられて、重要な役職に昇進したとしても、身分が低かった頃の気持ちを少しも忘れず、「人の幸せとは得がたいものであり、そして失いやすいものだ」と考えてさえいれば、おのずと「驕り」とは無縁となる。「怠り」がなければ「驕《おご》り」が出ることもない。「驕り」さえなければ災いも避けられるのである。これが道理というものだが、十人の内九人までもが、身分が高くなると、心まで驕り高ぶってしまう、というのが古今に共通した人情である。

織田家の佐久間[3]、羽柴家の魚住[4]などといった人々は、身分の低い時は随分とよい武士であったらしいが、身分が高くなってからは志を失い、主君から見限られて身を滅ぼしてしまった。このような失敗談は、身分の低い武士が学ぶべき先例である。

まだ身分の低い武士が奉公していると、ある時に、大抜擢をされる者を見ることがある。奉公の勤めにおける貢献も才覚もたいしたことはないのだが、それでも思いの外先輩諸氏を飛び越えて大抜擢されると、周囲の人々から、「これは単に番頭、組頭の査定に間違いがあったのか、でなければえこ贔屓であろう」と非難されることが多い。

自分が立身出世をし、番頭、組頭の役職に就いたのであれば、このようなことを忘れずに、下役の武士の人柄の善し悪し、奉公勤方《つとめかた》の年数などをよく考慮して、少しもえこ贔屓のないように、正しく組を統率するというのが武士の正道である。

とは言うものの、自分の組の侍の中で、優れた人柄でもなく、しかも奉公の実績もさほどではない者について、そのお家の家老、年寄、重臣などの親類縁者や特別な絆を持ち出してくるような断りにくい方より、「この者を何々の役人にするように」と裏から頼まれることがある。その際の返答としては以下のようにすればよいだろう。

「主君の御意によるご指名であれば、それは特別のことでございます。その他の縁故であれば、組の中の査定で選ばれないような者を推薦することはできません。組を統率するにあたり、えこ贔屓などしないようにと、上様から番頭の面々には固く仰せ付けられております。にも関わらず、皆様方のご意向に従うことは、上様の大法に背き、後ろ暗いこととなります。その上、その一人の為に私の組の下役連中たちの志をくじいてしまっては、上様の御為にもなりませんので、他の組のことは存じませんが、我が組においては、組頭の面々と相談の上、その人柄と仕事ぶりの二つをよく吟味して、ふさわしい者を選び、推薦するより他はありませんので、そのようにご承知おきください。」

このように、誰に対してでも、はっきりと申し上げて断ることが、侍大将や番頭役を務める武士としてふさわしい行為なのである。

ところが、以上のようなことを一言も申し上げられず、言われるがままにことを進めて、自分の組の下役からも見限られるようでは、未熟で醜い限りである。これは皆、身分の低い頃の気持ちを忘れ、出世するほどに、より出世したいと欲を出し、上役にこびへつらうようになってしまった、というより他はないのである。

ただし、嫌とは言えないような方に指図された際に、筋が通った返答を申し上げたために自分の立場が悪くなり、その後に差し障りが出るようではどうであろうか。「たとえ、鼻は曲がっても息さえできればよい」とする考えであれば、それはその人次第であるので、論ずることでもないだろう。

初心の武士の心得として、件のごとしである。

1 番頭は諸藩の警備部門の最高地位にある者。支配頭は諸部署における最高の地位にある者を指し、部署名を取って「〜支配頭」とされることも多い。

2 徒組、弓組、鉄砲組などの組頭の支配下にある者。

3 佐久間信守をはじめとした佐久間氏を指す。当初は信長の重臣として働いたが、天正八年（一五八〇）八月、信長から十九ヶ条にわたる折檻状を突きつけられ、信盛は嫡男・佐久間信栄と共に高野山に追放された。

4 不明。魚住景国（一五二八〜一五七四）のことか。

【原文】

番頭支配頭の下に付て奉公を勤る小身の武士我が頭たる面々の心入又は組あたりの善悪の義は其身に引請能合点致し罷在に付我々など若も武士の名利に叶ひ立身を遂て組をも預るごとくの仕合にも罷成におゐては組下の面々をいたはりなつけて主君の御用にも相立様にとの致し懸は如何程と可有之もの也。勿論依怙贔屓などゝ有義におゐては毛頭程も仕る間敷ものをと有ごとく人々存ずるもの也。然共其身段々立身致して番頭支配頭など申重き職役に成上り候へば其まへ方人の組子組下にて罷在候時の心入とは相違いたし組子をいたはりなつけて主君の御用に立べきなど有ごとくの心付は無之物にて候。たとへ其身の仕合にて上の思召に叶ひ御取立に預り如何程の宜き役義に罷成候共小身の時の義を少も心に忘れず人の幸と申ものは得がたくして失ひやすきと有慎の心さへあればおのづから物におこたりなし。おこたりがなければ奢もつかず。おごりさへ致さねば其身にわざはひの来るべき様も無之。然りといへ共十人が九人迄も其身の仕合がよくなればそれにつれて心迄高ぶり候と有は古今の人情也。織田家の佐久間羽柴家の魚住など申輩小身の時は随分のよき武士たりといへ共大身と成て後分別相違致して主君の見限りを蒙り身上も亡び候也。ケ様の義は奉公仕る小身の武士の慎共成べき先証也。就中其身小身にて人の組付となり奉公致す刻相組の中より役ぬけなど仕る侍有之節奉公の勤労も少く其身の生れ付の勝れてよきと申にても無之ものも思ひの外に先輩を越て役ぬけなど致せる時は是偏に番頭組頭の不吟味か扨は依怙贔屓の沙汰也と申て内々にてそしりつぶやくと有は定り事也。ケ様の義をも心に忘れずして其身立身の上番頭組頭の役義にも罷成に付ては組下の諸士の人がらの善悪或は奉公勤方の年数などに能心を付毛頭程も依怙贔屓の心なく順路正道に組の支配を致すとあるは武士の正義也。是に付我組の侍の中にさのみ勝れたる人柄と申にても無之然も奉公の勤方も無之ものなれ共其家の家老年寄出頭人などの親類縁者とか又は内縁の親みを以此者を役人に旁出し候様になどいやといはれぬ方より内証たのみの様なるもなくては不叶。左様の節の返答には主君の御意を以御人ざしと被仰出儀にても候はゞそれは格別の儀にて御座候。其外内縁の筋を以組中の吟味に相当らざる者を書出し候と有義は決而不罷成候。子細は組支配に付依怙贔屓など不仕様にと有之儀は番頭たる面々へは上よりの堅き御制禁の筋にて候。然処に各よりの御内意に随ひ候ては上の御大法に背き御後暗仕形に罷成其上此者一人の儀を以手前組下の諸侍の心入もそむけ候ては畢竟上の御為に不罷成義に候間他組の儀はいかんも候へ我等組におゐては組頭の面々と相談の上其人がらと御奉公の勤方との二ツを能吟味仕り相応の者を撰びて書上申外無御座候間左様御心得可被成候旨先の人は誰にも致せ詞を放して急度申理ると有は是を士大将番頭役を勤る武士の器量とは申にて候。然るに左様の義を一言申出す事さへならずして人のいひ次第に事を致して我組下の見かぎりに預り候と有は近頃未練の仕合不器量の至りと可申候。是皆小身の時の心を失念致し其身の仕合が能なる程猶もよくなりて見度と有名利の欲心から起る追従軽薄の意地より外には可申様無之。但いやといはれざるごとくの人の指図をもとき筋目立たる返答を申たるがあしきに成て我が身の押へ障りに成ては如何也。たとへ鼻はまがりても息さへ出ればよきぞとある分別ならば其段は人の心次第の儀なれば論ずるにあらず候。初心の武士心得の為仍如件。

三九

武士を心懸る輩の儀は大身は不及言たとへ小身たり共一日なり共長生を仕り其身を全く致して時運の至るを待て是非一度は立身を遂先祖…

武士であろうとする者は、高い身分の者は言うに及ばず、たとえ身分が低い者でも、一日でも長生きをし、時運が到来するのを待ち、何としてでも一度は立身出世を遂げ、先祖以来の家を興《おこ》し、我が誉《ほま》れを永く子孫に残したいとするのが宿願である。

まして、奉公の身として主君からご恩を深く受け、自分ばかりでなく妻子や従者までもが扶助されている身としては、「我が身命をぜひ一度は主君のご用に立てなければ」との覚悟がなければ、武士の誠の志を持っているとは言えない。

そのためには、第一に自分自身の健康に気を配るべきである。大食、大酒、淫乱などの不摂生も若い時は体に障るとは思えないものだが、それらを続けて脾臓や胃を痛め、貧血や内臓の病気などを患い、若死にしてしまう連中が世間には多い。このことを用心深く心がけ、若く血気も盛んで無病息災である内に、健康に気を遣い、大食、大酒、淫乱を慎んでいる者は、七十、八十までも長生きして、手足も達者で壮年の者にも劣らずにいられるのである。

以上のような心がけもなく不養生をしている者は、四、五十歳くらいが寿命の限界であり、まれにそれ以上長生きをしても、病持ちの生きている甲斐もない者となる。

とりわけ、五十歳を超えれば心身の健康を大切にして、飲食物も節制し、淫欲などは慎むべきである。そうであるのに、五十歳を過ぎても若い時のように不摂生をしているのは、この上なく無分別で不調法な者である。

これは武士としての志が低く、主君への奉公、忠勤の心がけが鈍っていることから起こる過ちである。突き詰めれば、忍耐力の弱さに起因するものである。忍耐力がないといえば多少は聞こえがよいが、言い換えれば「臆病の心」なのである。

恐れ慎むべきである。よって件のごとしである。

【原文】

武士を心懸る輩の儀は大身は不及言たとへ小身たり共一日なり共長生を仕り其身を全く致して時運の至るを待て是非一度は立身を遂先祖の家をも起し我が誉をも永く子孫に残さん事を願ふを以本意とは仕にて候。況や奉公勤仕の身にて主恩を深く蒙り我身を始妻子従者迄をも扶助仕る身にては我身命を是非一度は主君の御用に相立ずしては不叶と有覚悟を極めずしては誠の武士の志とは不被申候。然るにおゐては我身の養生を第一と心得べき也。飽食大酒淫乱等の不養生なども年若き時はさのみあたり障りになるとも覚へぬごとく有之もの也。爰におゐて多くは脾胃を喰破か血虚内損等の煩を仕出して若死を仕る輩世間に如何程も有之。此所に用心を加へ其身の年も若く血気も強く無病息災なる内に身の養生を心に懸飽食大酒淫乱等のつゝしみを致すものは七十八十迄も長生を致し手足達者にて壮年の者にもさのみ劣らぬごとく有之もの也。然るに其心付なく不養生を致す者は四十五十の内外迄の寿命を漸々たもち或はまれに生のびてもかゝらぬ病者と成て生たる甲斐も無之仕合也。就中五十歳以上の年齢からは弥心身の補養を大切に致し飲食物にも押へ控へを仕り勿論淫欲等の事をば大きに是をつゝしみ可申儀なるを五十有余の年齢を過ても若き時のごとく不養生の仕合と有は沙汰の限りたる無分別の不調法此上有べからず。是偏に武士道の心掛薄く主君へ奉公忠勤の心入のにぶきから起るあやまちと可申也。其奥意を尋ね極る時は物に堪忍情の弱きから起る也。かんにん情がなきといへば聞よき様に候へ共畢竟臆病の気さし共可申物也。恐れ慎むべし。仍如件。

四十

小身の武士自然の儀も到来の刻我が持鎗をかつがせて罷出べきとある中間を一人抱へて持事さへしかとは成兼るごとくの仕合にて妻子な…

緊急事態が発生した際に、自分の槍をかつがせる中間《ちゅうげん》の一人さえ雇えないような身分の低い武士が、妻子を召し抱えるということは、非常に無分別であると心得ておくべきである。

ただし、親類や友人によっては様々な考えがあり、「人は病気にもなり、その上、小身の武士は洗濯や勝手の家事もある。第一に子孫を残すことも考えなければならない」などと巧みに意見する者もある。そのような意見を正しいと考えて、後のことも考えずに人の娘をもらい妻とすれば、たしかに当座は朝夕の食事も安心で、日常の雑事もよくこなせるようになるだろう。

しかし、その内に子供が次々と生まれると費用がかさみ、家計が苦しくなり、たった一人の使用人にも暇を出して、子守女を雇うようになり、留守番をする男手もいないあり様となる。

また、妻子が病にかかれば看病を理由に大切な奉公を休むようになり、ますます家計が苦しくなって、後へも先へも行かなくなり、同輩のような暮らしさえできなくなってしまうのである。そして自分が好きで妻子を持ったためにこのような事態を招いたのに、それを反省することもなく、主君のせいでこのような事態に陥ったとでもいうような意味不明な恨みを抱いてしまうのである。そのようなことは、世間において十人の内の九人にも起こり得ることであり、それをよく理解して身分が低い間は妻子に溺れることは必ず避けるべきである。

そのようなわけで、身分が低い武士は心身ともに若々しく気力も盛んな内に、昼夜を問わず奉公に専念し、主君の思し召しにより立身出世を遂げ、それ相応の妻子を持っても養育できるという段になってから、子孫を残すことなどを考えるべきである。

身分の低い武士の心得として、件のごとしである。

【原文】

小身の武士自然の儀も到来の刻我が持鎗をかつがせて罷出べきとある中間を一人抱へて持事さへしかとは成兼るごとくの仕合にて妻子などを召置候と有は大きなる無分別也と心得べし。但し多き親類友達の中にはさま〴〵の気配のものも有之義なれば人に病煩と言事などもなくては不叶其上小身者はすゝぎせんたく其外勝手のせわに付第一子孫相続の為にも有之などゝ己が得手にまかせて異見だてを申をまことゝ心得以後の考なしに人の娘子をもらひて妻女と定め召置候へば実も其当座計は朝夕は心安く常の用事も事たりて覚ゆる内に頓て小き子共幾人も出来重なり其度毎の物入彼是に付程なく手前をすり切只一人召仕ひ候小者には暇を出し子もり女に仕かへ留守居男さへ無之仕合と罷成妻子の病煩には看病理りを申立て大切の奉公をかきなど致しますく勝手をすり切跡へも先へも参りかね我と同身躰の傍輩のまねのならざるごとく有之時はおのれが物数寄にていはれざる妻子好みを致したるより事起りたる難義とある了簡もなく主君の御存じあられたる事の様にくだらぬ恨み不足を抱くごとく有之は十人が九人迄も世間の定り事也。爰の所を能々分別致し小身の武士の妻子狂ひ必以遠慮尤也。去に依て小身の武士は其身の年も若く気力も盛なる時節昼夜の境もなく専ら奉公の勤労を励し主君の思召にも叶ひ似合の立身をも遂てもはや是にては相応の妻子を召置ても養育の可罷成と有勘弁を致して後子孫相続の儀を相見かるべきものの也。小身の武士心得の為仍如件。

四一

世間に徘徊仕る盗人と申ものは人の家のやじりを切或は人の腰にさげて居る巾着を切其外種々の盗を致して己が渡世と仕義尤大非義の至…

世間にうろついている盗人は、人の家の家尻《やじり》[1]を破って進入し、または人が腰に下げている巾《きん》着《ちゃく》を切り、その外にも様々な盗みをして自分の生業とするという最も不道徳な者である。

そうは言うものの、古人の詞《ことば》にも「人として常の産なければ常の心なし」[2]とあるように、生活に行き詰まり、心も弱くたとえ人のものを盗んででも当面の飢えをしのがなければならず、もし見つかって打ち首にされても仕方がない、と覚悟を決めて盗みを働くのは、不届き者には違いないが少しは同情できるところもある。

理由を述べれば、「人間の富貴貧困は全て天命によるもので、愁い苦しむことはない」と覚悟を決め、「盗みなどをするよりは、飢え、凍え死んだ方がましだ」などと口では言うものの、それを実践することは侍でも難しいのであるから、先程述べた例も少しは理解できるのである。

さて、主君を持って仕えている武士であれば、大身は言うまでもなく、小身であろうと苗字を持ち、帯刀しているからには、その辺の庶民と同じであるとは言い難い。もちろん、奉公人であり、身分相応の恩禄を受けている以上は、常の産なし、とも言えないだろう。

そのようなわけで、主人のお眼鏡に適《かな》って、会計の役職を命じられたとしても、少しも私利私欲に走ることなく、ひたすら主君の御為にと、正直に勤めてこそ、武士の正道と言えるのである。ところが、ややもすれば、役職にかこつけて、私利私欲を求め、手を替え品を替えて主人のものを掠《かす》め盗り、自分の懐に入れてしまう。しかも、自分一人では思い通りにいかないと、配下の手代《てだい》や物書きを始めとした家来にまで盗みをさせることもある。それでいて、下役や同僚からの批判を恥じることもなく、身分不相応な家の普請や道具収集をし、風流三昧に耽《ふけ》り、家内の人も不相応に多くの人数を雇うなど、同僚と比べて不相応な暮らしをする者は、先ほど述べたすりや泥棒などよりも、十倍もひどい大盗人と言えよう。

世間の盗人というのは、人の物を盗んでは深く隠しておき、また、ほとんどは見ず知らずの者から巾着や鼻紙袋を盗むものである。

武家の盗人というのは、ご恩を受けている主君のものを盗みながらも何とも思わず、身分不相応の贅沢をして栄華を極めるのである。それは、同僚を目無し、耳無しの馬鹿者のように思い、主君のことさえも小馬鹿にした行為であり、それこそ、世間にうろついているすりや泥棒よりも十倍も罪深い犯罪人なのである。

さて、またそのような不届者《ふとどきもの》に限って悪知恵が働くので、ずる賢い手段を使い、主君のお眼鏡に適って勢いがある家老や重臣の中に、欲深い者を見つけては鼻ぐすりをかがせ[3]、他の人には知られないように機嫌をとり、後ろ盾となってもらうのである。さらにその権威を笠に着て、公務における決裁の場において同役同職には何も言わせず、遠慮もなく自己主張を繰り返し、全てにおいて出しゃばり、自分一人が偉いような口の利き方をして、ややもすればえこ贔屓《ひいき》の判決を下してしまうのである。同僚、一座の者たちは、「あいつは近頃傍若無人《ぼうじゃくぶじん》の不届者であるぞ」と見限っているが、その者が時勢に乗って羽振りがよく、後ろ盾もしっかりしていることを恐れ、自分たちはその力量がないとして誰一人批判する者がいなくなる。そうなると、その者が一座の取りまとめ役のようになってしまい、他の人々はこの傲慢者が言ったことに相づちを打つだけとなり、残りの同役同職たちは居ないも同然で、後々は国家政道の差し障りとなるのである。

このようなことについて、足利将軍家の時代に京都所司代[4]に任命された多賀豊後守《たがぶんごのかみ》[5]という者は、土佐将監《しょうげん》6という絵師を呼び、その昔に信左衛門と名乗り江州佐々木家において平侍であった頃の姿を絵に描かせて居間の床に懸け置いて朝夕眺めて身の戒めとし、諸役人と対談する時も、「身の仕合よくなる程卑賤の昔を忘れざるとすることを肝要とする」と言っていたそうである。

小身の武士の心得として、件のごとしである。

1 家、蔵などの裏手。

2 『孟子』梁恵王上に「無恒産而恒心者、惟士為能。若民則無恒産因無恒心。苟無恒心、放僻邪侈、無不為已」（恒産無くして、恒心有る者は、惟だ士のみ能くすることを為す。民の若きは、則ち恒産無ければ、因りて恒心無し。苟も恒心無ければ、放僻邪侈、為さざる無きのみ）とある。

3 賄賂を贈る。贈賄する。

4 江戸幕府の職名。京都に駐在し、京都の警備、朝廷、公家の監察、京都・伏見・奈良の町奉行の管理、西国大名の監察などにあたった。

5 応永三十二年（一四二五）～文明十八年（一四八六）。多賀高忠。京都所司代を務めた室町時代の武将。武家故実に明るく『高忠聞書』を著す。

6 永享六年（一四三四）?～大永五年（一五二五）。土佐光信。室町時代中期から戦国時代にかけての大和絵の土佐派の絵師、土佐派中興の祖とされる。将監（近衛府の判官）の役を務めたことで土佐将監と呼ばれる。

【原文】

世間に徘徊仕る盗人と申ものは人の家のやじりを切或は人の腰にさげて居る巾着を切其外種々の盗を致して己が渡世と仕義尤大非義の至りとかふ不及申候。然れ共古人のことばにも人として常の産なければ常の心なしと有之儀なれば其身今日の渡世に差詰り致方無之いたらぬ心からはたとひ人の物を盗てなり共当分の飢寒を防かずしては不叶若も見付られて首のきらるゝとても是非に不及と覚悟を極めて盗を致すとあるは不届ながらも少は尤の様に覚へ候。其子細を申に人間の富貴貧賤と有は是皆天命による儀なれば愁へくるしむにたらずと有覚悟を極めて非義の幸を求めず忽に飢こゞへて死る事を何共思はぬごとくの心にて口をきく士分上の身にてさへちとはなり兼る事にて候。爰を以少は尤なりとは申にて候。扨又主君を持て奉公を仕る武士大身は不及言たとへ小身たり共既に名字をも首にかけ腰刀をもはさみ罷在からは一向の雑人とは申難し。勿論奉公人と有之からは似合相当の恩禄をも蒙り罷在義なれば常の産なし共申難し。然上は主人御目がねを以御勝手方に懸りたる役義など被仰付候においては毛頭程も利欲の心なく一筋に上の御為になる様にと事を正直正路に相勤候てこそ武士の本意なるべきをやゝも致しては役義に付て私の非義をかまへ手をかへ品をかへて主人の物をかすめて己が内証へ取込分別を仕りしかもおのれ一人の心にては自由成難きが故我が預りの手代物書を始め自分の家来共に迄も盗を致させ下の誹同役傍輩のおもはく下墨を恥る心もなく身上不相応なる家普請道具集め振廻数寄を致し勿論家内の人数も多く我と同身躰の傍輩のならぬ渡世を致とあるは右に申すりどろぼうの類に十倍もまさりたる大盗人也。子細を申に世間の盗人と申物は人の物を取ては深く隠し其上大かたは見ず知ぬものゝ巾着鼻紙帒を取申ごとく有之候。武家の盗人の義は御恩を請て罷在主君の物を盗取てそれを何共不存己が身上不相応の栄耀を致し身の奢を極め候と有は同役諸傍輩をば目なし耳なしのうつけ者に致しなし畢竟大切の御主人迄をも少は御馬鹿に仕り上る道理也。扨こそ世間徘徊のすりどろぼうには十倍の科人とは申也。扨又右の通の不届者に限り邪智多有之に付賢き手伝を致して主君の思召に叶ひ時にあひたる家老出頭人の中に貪欲深き壱人を見立鼻くすりをかひ人しらず内証より其一人の機嫌を取請て己がうしろだて身の垣に致して専ら権威につのり公事裁許の座席におゐても同役同職に口をあかせず我が請人の懸りと有遠慮もなく何にもかにもさし出己ひとりの様に口をきゝやゝ共致せば依怙贔屓の沙汰に及ぶを同役一座の面々も近頃傍輩無人の不届かなと人には見限り存るといへ共当時其者のはぶりのよきにめで又はよきうしろだての有にもおそれ畢竟手前にも器量のうすき旁を以誰一人進出て理窟をいふ者も無之ごとくなれば後々一座の埒明ケの様に成行諸人此人の口を守り偏に相談柱のごとく有之に付相残る同役同職の義は悉皆有なしの様に罷成果には国家政道の邪魔となる物也。是に付足利将軍家の時代京都の所司代職に撰び出されし多賀豊後守と云けるもの土佐将監と申絵師を召呼我が昔新左衛門と名乗江州佐々木家に於て平侍にて罷在候時の姿を絵に書せて是を居間の床に懸置朝夕見て身のいましめと致し諸役人に対談常話の時も人は身の仕合能なる程卑賤の昔を忘れざるを以肝要と致すの旨被申けると也。小身武士心得の為仍如件。

四二

奉公を勤る武士我が奉頼主君何ぞ大き成御物入など指つどひて御勝手向ひしと廻り兼何共可被成様無之と有に至りて常々家中へ下し置る…

奉公をしている武士は、お仕えしている主君に大きなご出費が重なって、財政が苦しくなり、どうにもならなくなった場合には、家臣へ与えられる通常の俸禄のいくらかが、何年かにわたり文給延期となることもあると心得ておくべきである。その場合、その額の多少に関わらず慎んでお引き受けするのは勿論、そのことを他人に言うなどは以ての外で、女房子供と集まって雑談する際にも、「難儀なことだ。迷惑なことだ」などと話すのは、武士の正道ではないと弁《わきま》えて、恥じて慎むことが肝要である。それは、昔から今に至るまで、主君の難儀を家来が一丸となってお助けし、また家来の難儀を主君のお力を以てお救いくださる、といったことが武家の作法であるからだ。

その上、主君の家計の手詰まりが公用に影響し、大名としてやるべき公事の多くが差し止められてしまうのは心外の至り、主君がただ名ばかりの大身という暮らしをなさるのは、家来の身としてもお気の毒で悔しく、このようであってはならないと思うものである。

このような財政の逼迫《ひっぱく》も、平時であればどうにかなるものではある。

しかし、世の変事、不慮の騒動の際に、軍役の人数が見積もられて、「近日中にあの方面へ出発するように」との上意が下れば、その支度のための金銀が必要となる。その時に資金の調達をしたくても、日頃から出入りの町人に幾度も無心をしていながら、きちんと返済していないとあれば、町人の方でも役人の言い分を承知しないだろう。

世間が騒がしい時には、質受けをして金を貸すような町人もおらず、「石で手をつめる」という例えのごとく、にっちもさっちもいかなくなり難儀に陥る。その内に、同列の諸大名が用意を調えて、「何日には出発となるぞ」と申し合わせの期日が定まってしまい、平時とは異なり出発日程を先延ばしにはできないので、準備不足だらけの出陣となってしまうのである。

泰平の世であれば出陣自体が珍しいので、誰もが面白い見世物だと思い、市井《しせい》の家々を借り切って野山にもあふれかえり、貴賤入り混じった人々に見られながらの出陣となるのだが、家臣の姿や馬具が、他家と比べて見苦しいとあっては、主君にとって、「全く悔しいことである」とお思いになるような一生の恥辱になってしまうのである。このような一大事を考慮すれば、主君としては予《あらかじ》めこのような事態を想定なさって、財政を立て直し、人馬、武具、馬具は言うに及ばず、その他の費用についても、前以て考慮しておくことが、武将として至極当然の心がけである。

以上の理由により、主君のご恩を受ける武士としては、家中の侍諸士にお与え下さる俸給を、場合によってはそれぞれの身分に応じて差し出さなければならないことがあるのを、新参、古参を問わず、覚悟しておくべきなのである。

であるから、俸給が少ない時には質素倹約をし、主君の仰せの通りに、人馬を減らし、自分も妻子も冬は紙子《かみこー》や木綿の衣類、夏は布帷子《かたびら》を着て、朝夕は玄米飯、ぬか味噌汁というような決意をし、自分たちで水を汲み、薪を割り、妻子に食事の用意をさせて、難儀、苦労をしても、主君の財政さえ持ち直せばよいと一筋に覚悟するのが、武士の本意である。

もし、何らかの理由により、長い暇をいただき、浪人になろうと思っていた場合でも、家中の俸給が減少している間は思い止まり、しばらくして元々の俸給をいただけるようになってから、暇乞《いとまご》いを申し出るのが正道である。また、俸給が減らされている間でさえも、主君のご用を受けて、その勤めを致さなければならない時がある。そのような時には、予備の刀や女房の手箱を質に入れてでも、その場をしのぐようにし、決して拝借願いなどを申し出てはならない。それは、たとえ主君のお耳には入らないとはいえ、番頭、組頭、家老、年寄に、「あいつは俸給が減っているのを恨んで、武士らしからぬ願い事などを申し出ている」などと思われては、再び口も利けなくなるからであり、そのようなことは武士としては慎むべきである。

初心の武士の心得として、件のごとしである。

1 紙で仕立てた衣服。厚手の和紙に柿渋を塗って乾かし、もみ柔らげたもので仕立てる。女の手に触れずに仕立てられるため、もとは律宗の僧がこれを着た。安価なので、近世では貧しい人々の間で用いられた。かみぎぬ。

【原文】

奉公を勤る武士我が奉頼主君何ぞ大き成御物入など指つどひて御勝手向ひしと廻り兼何共可被成様無之と有に至りて常々家中へ下し置るゝ知行切符の内を如何程づゝ何ケ年の間は御かり用ひ被成度などゝ有之義もなくては不叶。其多少によらず畏りて御請を申上るより初ては他人の義は不及申たとへ女房子共の寄合雑談の中におゐても是は難義の至り迷惑の仕合など有之義をことばのはしにも申出すと有は武士の本意にあらずと恥慎む事肝要也。子細を申に昔が今に至る迄主君の御難義をば家来共が打寄て是を見届奉り又家来の難義をば主君の御力を以すくひ被下候と有は是皆定れる武家の作法也。其上頼奉る主君の御内証御差詰り御手つかへと申に至りては公界へ懸り是は大名役にて不被成しては不叶と有之ごとくの義迄をも大形は被差止万事を御堪忍と有も近頃心外の至り御大身と申たる迄の御くらしを見奉るに付ては御家来の身にて気の毒にも口おしくも存間敷様とては無之候。但常式の義などは成次第其通り共可被申候。世の中の変と申物は不慮の騒動などゝ有之刻相定れる軍役の人数積りを以近日彼地へ発向あられ候様にとの上意など下りすはや其仕度と有に及びても先入用の物は金銀也。さらば其才覚と有ても兼て出入仕る町人共には日頃数度の無心を言ても不沙汰のみを致しこらし置たる上なれば役人共の申義を合点不仕。世間物さわがしき時節には質物などを取て金をかす町人とても無之儀なれば石にて手をつめたると申たとへのごとくにて跡へも先へも行兼る難義の内に同列の諸大名衆にては用意相調ひて来る幾日には必出馬と有申合の日限なども定り候ては自余の時とは違ひ延もちゞめもならざるに付不足たら〳〵なる仕度ながらも出勢なくては不叶。世間静謐の時代には珍敷陣立なれば我も人もよき見物と心得市屋町屋をかりふさげて野にも山にも立わたり貴賤目ざらしの中の武士押とあるはかたのごとくのはれ事なるに家中の人馬出立共に諸手に勝れて見苦敷様子ならば主君大将の御身に取て御一生の御恥辱是に過ず。扨も口おしき次第かなと思しめさるべきは必定也。此一大事を以考へ存る時は前かたより其御心得を被成御勝手をも持直され人馬武具馬具等の儀は不及申自余の時の御用金迄にもさのみ御手つかへ無之様に被成置れ度とあるは武将の御心懸には御尤至極の思召此上有べからず。然るにおゐては家中大小の諸士に下し賜る知行切符の内をも分に相応に差上ずしては不叶と有之義は新参古参にかぎらず主君の御恩を請る程の武士の上には覚悟も有べき儀也。然者物成減少の年賦の内は随分と簡略仕り主君の御下知次第に人馬をもへらし其身妻子共に冬は紙子木綿の衣類夏は布帷子を着し朝夕は黒米飯ぬか味噌汁と分別を極め自身は水をくみ薪をさき妻子に食をたかせ力にかなふ程は難義苦労致して成共一度主君の御勝手をさへ持直させ参らせ候はゞと一筋に覚悟を立るとあるは武士の本意たるべき也。若其身故有て永き暇を申請浪人致すべきと有存念の折節家中の物成減少の沙汰有之におゐては其存立を相止年賦過て本知を返し給はりたる上に於て暇の義を申出す是正義也。且又右の通り艱難仕り罷在年賦の内たり共何ぞ時に取て主君の御用を承り其努めを致す儀などもなくては不叶。左様の砌は自分のさしがへ女房の手箱を質物に入ても其入用程のとりつぐのひを致し拝借など有之義を此方よりは少も申上べからず。子細を申にたとひ主君の御耳にこそ不入候とも或は番頭組頭又は家老年寄中の下墨にも物成減少にあひたるを下心にふくみ主君へ対し奉り武士に似合ざるねだりごとを申などゝ思はれ候ては重ねて口もきかれずとのたしなみ遠慮武士の慎也。初心の武士心得の為仍如件。

四三

奉公仕る武士の心懸の第一と申はたとへ世間静謐の時代たりとも何ぞに付ては大きに主君の御為になる儀にて大抵諸傍輩のうで先に廻り…

主君に仕える武士の第一の心がけとして、たとえ泰平の時代ではあっても、何かに付けておおいに主君の御為になるように、大半の同僚が難儀に思うようなことがあれば、是非ここで一つ奉公したいと考え、下手でも思案工夫をめぐらすのが、武士の正道である。ましてや、変事に臨んでは、「神仏に誓ってでも、この戦いでは敵味方の目を驚かし、末代までも名誉を残すような忠義の働きをしないでは二度と故郷へは帰るまい」と思いを定め、武道に励むことこそが道理であると言えよう。

これにつき、武士である以上は、常に古い記録などを読み、覚悟を極めておくべきである。世間の人がもてはやす『甲陽軍艦《こうようぐんかん》[1]』『信長記《しんちょうき》[2]』『太閤記《たいこうき》[3]』などの諸書では、その時代の合戦の次第が書かれているが、たとえ小身の武士であろうとも、あっぱれな名誉の働きを遂げた者については、何の誰それとその名が記され、その他に討ち死にした者は、単に何千何百などと記されているだけである。その何千何百という内には、大身の侍がどれ程いようとも、たいした働きをしていないので、その名は書き記されず、小身であっても勝れた武勲があれば、その武士を選んで姓名を書き記しているのである。

以上のように、記録に残らないような討ち死にを遂げようと、また末代末世に至るまでの名誉となるような討ち死にを遂げようと、敵に首を渡すときの苦痛は同じである。これをよく考え、どうせ捨てる命なのだから、殊勲をあげて討ち死にを遂げ、敵味方の耳目を驚かし、主君にも惜しまれ、子孫にも永く名誉を伝えようとする心がけこそが、武士の正道である。

ところが、そのような心がけもなく汚い根性で、平地戦の時には人の跡を追い、退却の時は慌てて人の先をいく、あるいは敵の城を攻める時でも、弓矢、鉄砲が激しければ同僚を盾にして隠れているが、運命からは逃れられずに矢に当たって伏し倒れ、味方にまで踏みにじられるような犬死にをしてしまうのは、無念の至り、口惜しさの極みであり、武士としては最大の不覚である。

以上のことを、よくよく思い量り、武士として戦場へ赴き、捨てる命であるのならば、敵味方の目前で比類なき手柄をたて、あっぱれな討ち死にを遂げて名を残そうとする決意を常に抱き、朝夕の鍛錬に励むことこそ武士の正道と言えよう。
初心の武士の心がけとして、件のごとしである。

1 高坂昌信の遺稿に仮託して小幡景憲が編。江戸初期の軍学書、二〇巻。武田信玄、勝頼二代の事績、軍法、刑法を記したもの。
2 小瀬甫庵が織田信長の伝記『信長公記』(太田牛一)に加筆したもの。成立は江戸初期。ここでは『信長公記』、『信長記』どちらを指しているかは分からない。
3 小瀬甫庵による太閤豊臣秀吉の伝記。成立は江戸初期。

【原文】

奉公仕る武士の心懸の第一と申はたとへ世間静謐の時代たりとも何ぞに付ては大きに主君の御為になる儀にて大抵諸傍輩のうで先に廻り兼るごとくの義もあらば是非一奉公と心に懸て及ばぬ迄も思案工夫を廻らしみるとあるは武士の本意也。況や事の変に臨み候におゐては諸神諸仏にちかひ候ても今度の戦場に於て敵味方の目をおどろかし末代迄も誉の名を残すごとく成大忠義の働を遂ずしては二度故郷へとては帰るまじきものをと思ひ定めて武備をかせぐ分別尤也。是に付武士たらんものは常に古き記録などを披見致して其身の覚悟を相極め候ごとく尤也。子細を申に世に人のもてはやし候甲陽軍鑑信長記太閤記など申諸書の中に其時代にありし合戦の次第を記し置候にもたとひ小身武士にてもあれ人のならぬ名誉の働を遂たる輩の儀は誰がし何某と其姓名をあらはし此外討死都合何千何百などゝ相記し有之候。右何千何百と申人数の内に大身の侍いか程も可有之候得共させる働も無之を以其名を書記すに不及小身にても勝れたる武篇有之武士斗を抜ゑらびて其姓名を書顕はしたる物にて候。右姓名も残らぬごとくの討死を致すも又末世末代に至る迄誉れの名を残すごとくの討死を遂るも敵に首を渡す時の苦痛にかはりとては無之道理也。爰の所を能々分別致しとても捨る身命ならば諸手に勝れたる働を仕りて討死を遂敵味方の耳目を驚かし主君大将の御おしみにも預り子孫永くの面目にも備へんと有心懸をこそ武士の本意とは仕るにて候を其弁へもなく意地きたなくして早場の迫合などにも懸る時は人の跡退く時は人の先と斗心をはたらかせ或は敵城を攻る砌も矢玉烈しき所にては傍輩を楯につき其かげにかゞみ居ても遁れぬ運の矢には中りて伏倒れ剰へ味方の諸人のふみ草に迄成て犬死を仕り大切の身命を失ふと有は無念の至り口惜き次第にて武士の不覚此上有べからず。此旨能々思量致し武士の身にて戦場へ赴きとても捨る身命ならば敵味方の目前におゐて比類なき手柄をあらはし晴なる討死を仕り名を後世に残すべきものをと朝思暮練の工夫は是武士の正義也。初心の武士心付の為仍如件。

四四

奉公仕る武士主君より大切の仕もの放し討など被仰付時は御家中人多き中に今度の御用を私へ被仰付段生前の面目武士の冥理に相叶ひ切…

奉公している武士として、主君から大切な放し討ちなどを命じられた時には、家中の多くの中から今回のご用命を自分に仰せ下さったことを、生前の面目、武士冥利に尽きる本望として、潔く主君に対し引き受ける旨を申し上げるものである。

しかし、そのような気も起こらず、渋々といった様子でお受けするのは以ての外である。それは、勇気を奮ってあっぱれな振る舞いをお目にかけたいと思っても、勝負は時の運であるから、十分に成し遂げられることもあれば、討ち損じて返り討ちに遭うこともあるのだが、どちらにしても後日に同僚の間で善し悪しの批評が下されることになるからである。

もし、首尾よく成し遂げれば、「引き受ける時から、討ち損じることはないような様子であったが、よくぞやり遂げたものだ」と人々から誉められるものである。また、討ち損じて返り討ちにされたとしても、引き受けの際の潔い態度が引き合いに出され、「討ち損じるような者ではないのだが、なぜ討ち損じたのだろうか」などと、人々に悔やみ惜しんでもらえることとなる。

それが、お引き受けする際に少しでも渋っていた場合には、たとえ首尾よく役目を果たしたとしても、「単に運がよかっただけだろう」と言われ、誰からも誉められることはない。その上、もしも討ち損じれば、「引き受ける時から何だか頼りなかったようであるから、やはり討ち損じたのであろう」と人々に謗《そし》られることとなる。

このように人から非難されないために、ご用命を引き受ける際には潔くすべきである。

およそ、武士である者は、人には少しも負け劣らぬように、と心がけておくことが第一である。例えば、人から無心や援助などを頼まれても「できるか、できないか」を考え抜いた上で、無理と判断をして断るのであればともかく、もし、否と言われぬ事情があるのであれば潔く引き受けてこそ、相手も過分に恩を感じるのである。しかし、引き受ける際に気が進まない様子であると、先方も感謝の気持ちが薄れ、「できることなら、この人には無心のお願いなどをするべきではなかったが、他に問題もあるので仕方がなかった。心外なことだ」と口惜しく思うものである。このような者を「心根の汚い」「潔くない」といい、「損の上の損」ともいうのである。このことをよくよく考慮すべきである。
初心の武士の心得として、件のごとしである。

【原文】

奉公仕る武士主君より大切の仕もの放し討など被仰付時は御家中人多き中に今度の御用を私へ被仰付段生前の面目武士の冥理に相叶ひ切望の至り忝次第に存る旨成程いさぎよく言を放して御請を申上る心得尤也。然るを其了簡もなくなまぬるき御請などに及ぶとあるは以の外宜からず候。子細を申に内心には随分と勇気を励しあつぱれ仕すまして御目に懸べきと存詰候ても勝負は時の運による儀なれば十分に仕すます事もあり又討損じ剰へ返り討に逢ごとくの儀もなくては不叶。何れの道に致ても後日に至り諸傍輩の中におゐて善悪の批判は有べき事也。其首尾よければ右の請の砌よりいかさま仕り兼間敷気色に見へたるが其ごとくよくは仕済したりと申て諸人誉るなり。若又仕損じてかへり討などに討れ候時も、右の御請の次第を申出て中々仕り損ずる様なる者にてはなかりしが如何致して討そんじけるぞと申して各悔みてをしみ申也。さて又少にてもにぶき御請を仕り候時はたとひよき首尾に仕すましてもひとへに時の運のよきと申て誰もさのみほめず。若も致し損じたる時は右御請の砌から何とやらん覚束なくおもはれしが果して仕損ひたりと申て諸人そしるものにて候。爰を以何分にも御請をばいさぎよくとは申にて候。惣而武士を嗜むものはかり初にも仕形のまけをとらぬ様にとの心掛第一也。たとへば人に無心合力など有義を言懸られても是はなる事ならぬ事と有儀をば幾重にも前方に分別致しなる間敷と思ふ事ならばそれは格別也。若いやと言れぬ事にて既に同心致す程ならばいかにもいさぎよく請合候てこそ先の者も別而過分とも可存義なるを請口にぶく不肖々々の様子にみゆる時は先の者の心に成て過分気も薄く何とぞ成べき事ならば此仁へばかりは無心をいはぬ様に致度事なれ共外の障りに迄もなる義なれば左様にもならず扨も心外成事かなと無念にも口おしくも不存しては不叶。如此なるを意地のきたなき共申きれはなれのなき共申也。畢竟損の上の損などゝも可申候。此旨能々思量有べき也。初心の武士心得の為仍如件。

四五

奉公を務る武士第一の心得には奉頼主君たとへ何程非道なる儀を被仰て如何様の御しかりに預り候共恐入て御意を承り迷惑至極仕りたる…

奉公を勤める武士の第一の心得として、仕えている主君に、どれほど理不尽なことを言われ、どのようなお叱りを受けたとしても、畏《かしこ》まってその御意を承り、ただ困惑した態度を見せることが肝要である。

たとえ、主君が、「その方に誤りがなければ申し開きをせよ」と仰ったとしても、御意に対して申し開きをするのは、「お言葉を返す」といって主従の作法から外れた格別の大罪であると弁《わきま》えておくべきである。

しかし、武士道から外れかねないことであれば、例外であるので、後日に家老や年寄を頼り、「何としても主君よりお見限りを受けたくはございませんので」と申し開きの取りなしを頼むことは当然のことである。

このことにつき、主君のお言葉を反古《ほご》にせず、自分の面目も守るような、優れた受け答えをした昔の武士の話を、初心の武士の訓戒として記しておく。

慶長年間[1]、福島左衛門大夫正則の家来に、佃《つくだ》又右衛門《またうえもん》[2]という大剛の侍がいた。合戦で出陣中の真夜中に、正則の陣中で不慮の騒動が起き、家中の侍が残らず本陣へ駆け付けるようなことがあった。翌朝、正則が又右衛門に対して、「その方、夜中の騒動の際に、槍に鞘《さや》を掛けたままで出てきたのはどういうわけか」とお尋ねになると、又右衛門は、「お疑いになるのはごもっともでございます。昨日は晩より大変空が曇っておりましたので、夜中に雨鞘《あまざや》を掛け、そのまま持って出て参りました。ですから、鞘を掛けたまま持ち出したものとご覧になったのは当然でございます」と申し上げた。すると、正則は、「そうであるか」と納得してことは済んだ。その後、同僚が又右衛門に、「昨夜、お前が槍の鞘を外して持ち出していたのを、誰もがしっかりと見ていて、幸い証人もいるのに、今朝、主君のお尋ねの際に、雨鞘を掛けたままで出てきました、と答えたのは、納得できないぞ」と尋ねた。又右衛門は、「雨鞘はご存じの通り、油紙一枚であり、抜身の槍も同前です。些細なことでも大将の見間違いとあれば大事となるので、先ほどのように答えたのです」と言うと、聞いていた人々は、又右衛門の心がけに感じ入ったのである。

その後、今に至るまで、主人のお側に奉公する武士である以上は、このような心がけが必要である。

初心の武士の訓戒として、件のごとしである。

1 一五九六年〜一六一五年。

2 戦国期から江戸前期の武将。安芸の人で福島正則の臣下として活躍。キリシタンでもあり、大坂城落城（一六一五）の際城を脱出したイタリア人の宣教師ポルロを保護した。

【原文】

奉公を務る武士第一の心得には奉頼主君たとへ何程非道なる儀を被仰て如何様の御しかりに預り候共恐入て御意を承り迷惑至極仕りたる躰を致す儀肝要也。たとへばあなたより其方あやまりなきにおゐては申ひらきを仕れなど被仰義も有之候共御意の下に於ての申わけとあるは御詞を返すと申て主従の作法にたがひ大きなる慮外の大罪也と覚悟尤也。しかりといへ共武士道の押へ共なるべきごとくなる義ならばそれは又格別の子細なれば其時刻を過て家老年寄用人などへたより何とぞ永く御見かぎりに預らざる程の申開きの御取成をと頼入申ごとくの義はなくても不叶尤の至なるべし。是に付主君の御ことばをも反古に不仕其身の一分も相立申ごとくなるよろしき御請答を仕りたる古き武士の噂を初心の武士心付の為記し申候。慶長年中福嶋左衛門大夫政則の家来に佃又右衛門と申大剛の侍あり。在陣の砌夜陰に及び政則の陣中不慮の騒動に及ぶ義有て家中の諸侍不残本陣へ馳集るごとくの義有之。其翌朝政則又右衛門へ対し其方義は夜中騒動の刻鎗にさやをかけながら持て出たるはいかにと被尋ければ又右衛門承り御疑の趣御尤に覚へ候昨晩方より以の外に空くもり候に付夜中は雨鞘を懸置候を其まゝ持て罷出候然ばさやをかけながら持出候と御覧被成たるは御尤と申に付政則扨は聞へたりと御申有て事済けり。其後傍輩共又右衛門へ申けるは夜前其元の義は鎗のさやをはづして持出られしを何れもよく見届罷在義なれば幸証人も有義なるを今朝御尋の砌雨鞘を懸置候との御請は一円心得難しと尋ければ又右衛門聞て雨さやの義は各にも御存の通油紙一重の儀なれば抜身の鎗も同前の事にて候かりそめながら大将の御目違ひと有は重き義なるを以右の通の御請には及び候也と申に付是を承る諸人又右衛門が心入の程を感じたるとなり。以後とても主人の御側近く御奉公申上る武士は其心得なくては不叶。初心の武士心付の為仍如件。

四六

奉公仕る武士旅行の道中に於て小身者は乗懸馬などに乗らずしては不叶

奉公している武士は、旅行の道中において、小身の者は乗懸馬《のりかけうま》[1]などに乗らなくてはならないことがある。そのような場合には、もし落馬をしても太刀や脇差の鞘が抜け落ちないように、共にしっかりと差し固めて乗るべきである。

もし、三尺[2]や金具などで刀の柄《つか》を何重にもしっかりと結び付けたり、あるいは槍の鞘を留めるために太い縄でくくり付けたりすると、自分だけが不心得者と見られるだけでなく、小荷《こに》駄《だ》[3]の印や荷札の書付から、誰それの家来と人々に分かるのであるから、主君の家風までもが浅薄であると他家で噂されることになる。

さてまた、道中における最近の習慣として、馬子《まご》[4]たちが相談して馬を替えることがある。交換相手の乗り手が武士ならば、馬子に言われて馬から降りるところを見てから、こちらも馬より降りるのがよい。

それは、馬子に言われてこちらが馬より降りたのに、もし相手が馬を替えないと言えば、こちらから、「いや、ぜひ替えようぞ」と言うこともできず、そうなると、せっかく馬から降りてもまた同じ馬に乗るはめになるからである。

また、江戸などを公私の用事で乗馬している時には、たとえその身が老いても、まだ馬に乗るような勤めをしているのであれば、自身で手綱をとって乗るものである。まして、年若き武士が中間《ちゅうげん》に両方の手綱をとらせ、自身は抜き入れ手[5]をしながら馬に乗るなどは決してよいことではない。

初心の武士の心がけとして、件のごとしである。

1　江戸時代に、荷物を両脇につけた馬の背に旅人を乗せることを乗懸《のりかけ》と呼んだ。乗懸馬はその際に使われる駄馬。

2　三尺帯とも。男物の帯の一種。鯨尺で三尺の長さしかないためこの名がある。

3　馬につけて運ばせる荷物。

4　馬に人や荷をのせて運搬することを職業とする人。うまかた。

5　ぬきいれで。懐手《ふところで》のこと。

【原文】

奉公仕る武士旅行の道中に於て小身者は乗懸馬などに乗らずしては不叶。然るにおゐては若落馬を致しても刀脇指のさやはしらざる心得をば仕り大小共にさし堅めて乗べき也。三尺手掛などを以刀の柄をふとんばりにしかと結付或は持鎗のさや留を致すとても太き緒縄にてくゝり留るごとくなるは其身一分の不心懸者とみゆる計にても無之。或は小荷駄印荷札の書付を見ては誰殿の家来と有義を人々存る義なれば主人の御家風迄も手浅きごとく他所にて批判仕る物にて候。扨又今時道中の習ひにて馬子共の相対を以馬を替ると申義有之候。先の乗手武士ならば馬子の申にまかせ馬よりおるゝ躰を見届候て後此方も馬よりおるゝがよき也。子細は馬子共の言に任せ此方は馬よりおり立たるに若先の乗手馬を替間敷と申時は是非替んといふ事もならず。然ば折角馬よりおりても又馬にのらずしては不叶との遠慮也。且又江戸表などにおゐて公私の用事に付乗馬にてありき候時はたとひ其身極老たり共いまだ馬上の勤を致す仕合ならば自身手綱を取て乗ありく義尤也。況や年若き武士などの中間に両口をとらせ其身はぬき入手を致しての馬上と有は不可然様子にみゆる也。初心の武士心付の為仍如件。

四七

主君を持たる武士御用の御使などを承りたとへば江戸表より上方辺へ
罷越候様なる道中を致すに大井川の義は不及申其外いづれの河々に…

主君に仕えている武士が、主君のご用でお使いを承り、例えば江戸から上方へ旅をする際には、大井川[1]などは言うまでもなく、いずれの川であっても、少しでも水量が増しているのであれば、そこの川越人夫《かわごえにんぷ》を雇って越えるべきである。

少しの出費を惜しみ、または自分は川越えが上手であると思い込み、自分で越えようとすると、川の中で馬を倒して荷物を水に浸し、あるいは下人に怪我をさせるなどの大変な失態を起こしかねない。

また、道のりが近いからといって、四日市から舟に乗ったり、粟津の舟[2]を利用したりすることも無分別の極みと言えよう。

それは、一般的に人が乗るようにと定められている桑名舟[3]に乗って、万が一風波により遅れてしまっても、申し訳は立つであろう。しかし、余計な手回しをして、間違いがあれば、一言たりとも申し開きができないからである。そのようなわけで、古人の歌にも

もののふの矢橋のわたり[4]近くともいそがばまわれ瀬田の長はし[5]

と詠まれている。

武士であれば、道中に限らず、何事につけてもこのような心がけを持っていなければならない。古くから伝わる武士の教えにも、これらのことを心得ておくべし、とある。

初心の武士の心がけとして、件のごとしである。

1　静岡県を流れる川。赤石山脈間ノ岳に源を発し、南流して島田市東方で駿河湾に注ぐ。江戸時代には渡船、架橋が禁じられた東海道の難所であった。

2　江戸期であっても琵琶湖の水路は危険であった。そのため粟津の舟は道中の危険を示す。

3　桑名は三重県北部、揖斐川河口にある市。伊勢路の入口で、海上七里の渡しの乗船場。東海道の宿場町。

4　東海道を京へ上る際に、瀬田の唐橋を経由するよりも矢橋から舟で大津・石場へ向かう渡し舟がよく利用された。

5　瀬田の唐橋。滋賀県大津市の瀬田川にかかる、旧東海道の橋。古来、京都を守る東の要害。

【原文】

主君を持たる武士御用の御使などを承りたとへば江戸表より上方辺へ罷越候様なる道中を致すに大井川の義は不及申其外いづれの河々におゐても少なり共水気と申程ならば其所の川越をやとひて越行べき也。少しの費をいとひ或は川越の功者をたのみて自分越に致し川中にて馬を倒して荷物を水にひたし或は下人に怪我を致させ候ごとく有之は大きなる不調法也。扨又道のり近きとて四日市のりを致し又は粟津の船に乗ごとくの義は無分別の至極也。至細を申に天下の人の乗べき事に定め置たる桑名の船に乗て若も風波の難にあひ事の遅滞に及びたるには其申わけも相立申儀なり。いはれざる手廻しだてを仕りて事の間違有之ては一言の申開きも無之義也。去によつて古人の歌に

もの丶ふの矢橋のわたり近くともいそがばまわれ瀬田の長はし

かやうの心得は道中の義のみに限らず武士の上には何事に付ても此心持なくては不叶。武功の伝来にも本道服意心得なども有之事に候。初心の武士心付の為仍如件。

四八

奉公を勤る武士主君に御旅行の御供を致し其日の泊へ着候におゐては御本陣より何方に当りていかやうの広き場所有之其所へ行道筋はか…


奉公を勤める武士が、主君の旅のお供をして、その日の宿に着いたならば、ご本陣からどの方向にどれだけの広さの場所があり、そこへいく道筋はどうであるかなどを、日が暮れる前にそれとなく確認することが肝要である。

それは、夜中に火事があって風向きが悪く、本陣が危険に曝《さら》され、主君が緊急に避難される時に、先頭に立ちご案内申し上げるためである。

また、日が暮れてから、その土地の者と話をして、その宿の近くに見える山林や寺、神社などを目印にして東西の方角を確認しておくのも、夜中に何かあり、主君が方角をお尋ねの際には、すぐに答えられるようにするための心がけとして必要である。

徒歩で主君のお供を務める時には、上り坂では先に立ち、下り坂では後ろに立つように心がけるのは、些細なことながらも奉公する武士の心がけとして重要である。
以上のような心がけを手がかりとして、思案工夫をめぐらして、「奉公をする身であるのだから、何とかして主君に対して一つでもお役に立ちたいものだ」と朝晩に油断なく励むことが、武士の本道である。
初心の武士の心がけとして、件のごとしである。

【原文】

奉公を勤る武士主君に御旅行の御供を致し其日の泊へ着候にをゐては御本陣より何方に当りていかやうの広き場所有之其所へ行道筋はかやうと有義迄をも日の暮前に何となく見分致しとくと相心得罷在義肝要也。子細は夜中急火などの節風並あしく御本陣あやふきと有て主君俄に御立退被成刻御先へ立て御案内可申上が為也。且又日暮に及び其所の者をかたらひ其宿の近所にみゆる山林寺宮などを目当にして東西を問尋ね覚悟いたし罷在も是又夜中何ぞの義に付主君より所の方角御尋の節早速可申上との心懸也。扨又其身歩行にて主君の御供を勤る儀有之節上り坂にては御先へ立下り坂にては御跡に立ごとく心得るなど有は尤軽き事ながらも奉公致す武士心懸の一つ也。右のごとくの義を以手懸りと致し思案工夫を廻らしとても奉公を勤る身と罷成からは何がな主君へ対し奉り一奉公になる義もがなと朝暮油断なく心懸励み申とあるは武士の本意也。初心の武士心付の為仍如件。

四九

奉公を勤る武士は大身小身を限らず其身の分限相応に武具兵具を貯へ
持心懸を不仕しては不叶

奉公をする武士は、大身小身《たいしんしょうしん》を問わず、身分相応に武具や装備品を備えておく心がけを持つべきである。

中でも、その家々の軍法というものがあるので、かねがね主君が定めている家中一同の指物[1]、各人の装備品、あるいは冑《かぶと》の前立《まえだて》、槍印、袖印、小荷駄《こにだ》印などの合印《あいじるし》については、油断なく支度をしておかなければならない。

変事が起きれば、明日出陣となることもあり、そうと決まってから急に用意できるものではなく、たとえ用意できたとしても、日頃の手抜きが見えてしまい、人々から謗《そし》りを受けることになる。

家中一同の合印を粗雑に扱って味方に討たれた者は討たれ損となることが、武家の古法にもあるように、お家の合印を大切に扱うことは極めて肝要である。

　その上、主君の軍備への関心が深ければ、いつ何時《なんどき》でも家中の諸侍の武具を検査させ、又はご自身でもご覧になると仰せになることもあろう。自分と同格の同僚の中には、自身の装備、下人の用具、その他軍役の諸品に至るまで、いずれも不具合なく飾り立てて御目にかけ、主君を始め家老、年寄にまで誉められるような者もいるだろう。しかし、自分はあれも不足これも不足とあっては、他の過失と異なり、武道の筋に関わることであるので、自分の立場にも影響するもので、その場では主君がご容赦くださって、お咎めやご叱咤はないにしても、御心の中では、「あいつは知行盗人《ちぎょうぬすびと》[2]であるぞ」と長く見限られてしまうのである。

　たとえ主君の点検がなくとも、武士であるからには、自分の身にふさわしい武具の支度を怠ってはならない。仮にもし、召使いの中に、「人を切ることはないから」といって刀脇差しの中身を木刀としたり、また、「尻をからげる用がないから」といって褌《ふんどし》を締めないような不心得者がいるのを知りながら放っておく、などということはできないだろう。

　そうは言っても、かなり身分が軽い若党や中間のことであれば、たいした罪にはならない。だが、すでに一騎役を務めている武士で、相応の俸禄を受けておきながら、軍役の勤めが果たせるかどうかということを考えることもなく、いかに平和な時代だからとはいえ、侍としての心がけが悪く、武具、装備の用意も不足しているようでは、先ほど述べたような脇指の中身に木刀を用い、褌を締めない若党連中よりも百倍も劣る不届者と言えよう。そのようなことがご主君のお耳に入れば、どれだけ謗られるかと恐れ入るようにして、武具の備えに関しては、油断しないように心がけておくべきである。

以上について、小身の武士が武具などを新調するに際してはその心得というものがある。例えば、黄金三枚で、一領の武具を調えるつもりであるならば、その内の三分の二を甲冑《かっちゅう》の代金に当て、残りで肌着や股引《ももひき》、下着、下袴、上帯、下帯、上着、陣羽織、鞭[3]、軍扇《ぐんせん》[4]、さらには腰桶《こしおけ》[5]、腰苞《こしづと》[6]、面桶《めんつう》[7]、打がえ[8]、水筒、水呑などの細々した小道具に至るまで、武士一騎が持つべき物を一通り何不足ないように、よいものでも悪いものでも、武具と一緒に用意支度しておくことが肝要である。

その理由は、武具は不可欠であるため、身に過ぎたものを購入することもあるが、小道具についてはいつでも用意できるものと油断してしまい、長年手抜きをしていて、小道具は不足したまま、武具のみ所持して一生を送るような武士もいるからである。そのため、武具の趣向を多少は抑えてでも、絶対に必要な小道具を一度に支度しておくべきなのである。

さて、年が若く、力量に優れているとしても、重厚な金具を用いた重い武具や大指物、大立《おおたて》物《もの》9などは遠慮しておくべきである。その理由は、小身の武士は度々武具を替えるなどということはできないので、若い頃の力量に合わせて整えた武具では、年を取ると使えなくなってしまうからである。その上、年が若くても、陣中で病気になったり、負傷したりすれば、たとえ薄い金具の武具であっても、肩に食い込むような苦労を味わうものである。このようなわけで重い武具は無用なのである。大指物や大立物についても、若い時分から戦がある度に用いて、世間の人に知られてしまえば、年老いてから、本音では苦労に思っても、体面があるために使用をやめることもできないので、始めから用いない方がよいのである。

なお、武具を整えるにも心得が一つある。それは武具というものは、籠手《こて》と兜さえ念入りな作りにしておけば、その他は大まかであっても一段と見栄えがするということである。中でも、兜については、鉢も威毛《おどしげ》も立派なものを好んで持ちたいものである。

なぜなら、戦場においては、勝負は時の運であるから討ち死にをすることもあり、そうなれば、我が首と同じように兜も敵の手に渡り、子孫に至るまでこれを持ち伝えるからである。よって、我が武勇の誉れを永く世の人の評判となるよう残すべき物としては、兜より外にはないのである。

初心の武士の心がけとして、件のごとしである。

1 当世具足の後銅の受筒にさし込む棹に付けた軍中の標識。文章や家紋、文字などを書いた四方四半の幟の類や、切裂や幣束などの作り物を棹につけ、陣中の役職、家門の標識としたもの。旗指物。
2 知行を受けながら、それだけの功績や働きのない者をののしって使う語。
3 武士が陣中で着用した胴服。多くは袖無で、当世具足の上に着ける。具足羽織。
4 武士が陣中で用いた扇。多くは格狭間透しの黒漆ぬりの骨に皆紅の地紙で日月星辰を描いた。
5 能や狂言の小道具で、高さ約四五センチ、直径約三〇センチの黒漆塗り蒔絵《まきえ》の円筒形の桶。本来は腰掛けとして使い、歌舞伎でも流用する。かずらおけ。
6 わら造りの容器。
7 一人前ずつ飯を盛って配る曲げ物。
8 旅人・兵士などが携行する食糧を入れる袋。貨幣なども入れた。
9 軍陣の標識として兜の頂上や前後・左右に付ける装飾。前立、後立、脇立、頭立などがある。

【原文】

奉公を勤る武士は大身小身を限らず其身の分限相応に武具兵具を貯へ持心懸を不仕しては不叶。就中其家々の軍法有之。兼々主君より定め置るゝ家中一同の番指物同じく面々の出子或は冑の前立鎗印袖印小荷駄印など申類の相印におゐては油断なく早速支度尤也。事の変と有は只明日の上も難斗。其期にのぞみ俄にとては出来兼可申也。たとひ出来るに致ても日頃の油断も顕れ人の下墨も如何也。家中一同の合印を疎略に致して味方討に逢たる者は討れ損たるべき旨武家の古法にも相見へ候得者至て大切の義也。其上主君武備の御心懸深く候へばいつ何時を限らず家中諸侍の武具を御改め又は御自身にも御覧可被成など被仰出刻同列の傍輩の中には其身の着料を始下人の用具其外軍役の諸色に至る迄何に一色不具と有義もなく飾り立て御目にかけ主君を始奉り家老年寄中迄の誉事に罷成ごとくの者も有之中に何も不足かも不足とみゆる様子にては外々の過失とは違ひ武道の筋へ懸り其身の一分も立ざる儀なるを以主君にも御用舎あられ当座の御咎御叱とては無之候共御心の内には扨も知行盗人かなと長き御見限りに罷預るべきは必定なり。たとへ主君よりの御改無之とても武士たらんもの我が分限相当の武具支度に油断可仕様とては無之候。たとへば我が召仕の者の中に人を切用がなきとて刀脇指の身を木竹に致してさし又は尻をからぐる用がなきとて常に肌帯をかゝずして罷在ごとくの不心懸者有之にはそれを知ながら其通りに致しては差置難き道理也。然れどもそれは申ても軽き若党中間風情の義なればさしての科共申難し。其身既に一騎役をも勤る約束の武士に備はり似合の禄をうけて居ながら軍役の勤のなるぞならぬぞと有了簡もなくいかに静謐の時代なればとて侍の不持して不叶武具兵具の用意に不足とあるは右に申刀脇指の身に木竹を用ひ下帯をかゝぬ若党中間には百双倍もおとりたる不心懸ものなればそれが主君の御耳に入ての思召御下墨の程はいかゞ可有之哉と恐れ入て武備の心懸油断有べからず。是に付小身の武士着料の具足などあらたにおどし立可申とならば其心得有べし。たとへば黄金三枚を以壱領の具足を調る覚悟ならば其内三分二を甲冑の代に心当相残る金子にては肌着もゝ引下着下袴上帯下帯上着陣羽織鞭軍扇或は腰桶腰づとめんつ打がへ水筒水のみなど申細々の小道具に至る迄一騎前の諸色一通りにおゐては何不足無之がごとくよくもあしくも具足と一度に支度仕る義肝要也。其子細を申に人々着料の具足の儀は不持しては不叶と存るに付分に過たる物入を致してもおとし貯へ申といへ共小道具の義はいつ何時もなりやすき物ぞとある心の油断より事起りて永きおこたりと罷成小道具不足なる素具足斗を所持して一生を送る如くの武士間々有之もの也。爰を以具足の物数寄をば少は軽く致してなり共なくて不叶小道具迄をも一度に支度可然とは申にて候。さて又其身年若く力量勝れたり共金厚なる重具足と大指物大立物などをば遠慮尤也。子細を申に小身武士の義は毎度具足をおとし替るなど有義はならざる事にて候処に若盛の力量に合せて調置たる具足は年寄候ての用には不立。其上いかに年若くても陣中におゐて病気になるか又手疵など負候ては譬薄金の具足たり共肩をひかし苦労になるは定り事也。爰を以重具足を無用とは申にて候。次に大指物大立物の義も若き時分より陣毎に是を用ひ世間の人に見しられたる上にては其身年寄苦労になればとて差置難き様子も有べしとの遠慮也。猶又具足をおとすに付て一つの心得あり。いかんとなれば具足と申物は小手と兜さへ念を入るれば其余は大体にて候。一段見ばへ有之ものにて候。就中冑の義は鉢もおどしも宜きを好み申義也。子細は戦場におゐて勝負は時の運なれば若討死をも遂る義も有べし。然る時は我首とひとしく敵の手に渡り其敵の子孫に至る迄も是を持伝へ申伝にも仕るにて候へば我武勇の誉を永く世の人の目口にかけて残すべき器物は兜より外は無之候との考へ也。初心の武士心得の為仍如件。

五十

小身なる武士の義は不慮の変と有之刻も人多く召連候義とては不罷成に付鎗道具只壱本より外には持する儀ならず

小身の武士は、緊急の事態が発生しても、多くの家来を召し連れて出陣することはできず、槍一本の他に持っていくことができない。そのために、もしその槍が折れてしまえば、持つ槍もなくなってしまうのである。そのようなわけで、かねてからそれを心得て、袋槍《ふくろやり》[1]を支度しておいて、陣中へこれを持参し、もしもの時には柄《つか》に竹を使ってでも当座を間に合わせる心がけが大切である。

また少々の疵があっても作りが丈夫で寸法の長い脇差を準備し揃えておき、変事の際にはその場所へ召し連れていく下人たちに差させて、腹には胸懸《むながい》[2]、頭には鉢金《はちがね》、鎖笠《くさりがさ》、鎖鉢巻《くさりはちまき》[3]などを着けさせて連れていくものである。

その理由を述べれば、武士というものは永年の主恩を感じ、またはその身で一分の正義を守るために、どれほど危ない場所でも決して嫌がることなく、いき難い所へもいき、耐え難い所でさえも踏み留まって耐えるものである。

しかし、下々の者は日頃の恩も薄いので何も感じることがなく、もちろん義理も知らない。さらに、身には季節に合わせた衣類を着て、錆びた脇差を一本腰に下げているくらいでは、歴戦の武士が甲冑を着け、長道具を持って勝負する戦場で耐えられるわけがない。しかし、そのような険しい場所でもよく耐えて主人の側を離れない者が、十人の中に一人でもいれば、その者は下々の者とは言えず、武士にも勝った気概の持ち主と言うべきである。

そのようなわけで、若党には銅丸[4]や鉢金、小者や中間には胸懸や鉢巻または鉄笠などの軽い防具を着けさせ、骨も切れるほどのまともな脇差の一振りも差させるようにして召し連れるのが、小身の武士の正道である、と心がけておくべきである。

さて、また小身の武士が出陣する時には、差し替えの刀を持たせる従者を連れていくことはできない。しかし、戦場において太刀打ちの勝負を遂げるためには、甲冑の上から相手を攻めなければならず、刀の刃を打ち折ってしまうことも多い。そうなると刀も足りなくなってしまうので、差し替えの刀を若党に差させ、若党の刀は草履取りや馬の口取り、中間などに差させて召し連れていくべきである。変事においては平時とは異なり、小者や中間に至るまで大小二本を差しても見咎められることはないとされている。

初心の武士の心がけとして、件のごとしである。

1 槍の穂先を柄に固定するための茎がなく、代わりに袋と呼ばれる筒状の接続部が設けられた槍のこと。

2 馬具の一つ。鞍が後方にずれないように、馬の胸から鞍を通して固定する革ひものこと。

3 いずれも兜の簡易的な代わりとなるような頭部を守る武具。

4 銅丸は鎧の一つで、胴を丸く囲み、右脇で重ね合わせる簡略なもの。草摺は歩行に便利なように八枚に分かれている。主として歩兵が使用する。

【原文】

小身なる武士の義は不慮の変と有之刻も人多く召連候義とては不罷成に付鎗道具只壱本より外には持する儀ならず。然処にもし其鎗おれ損じ候におゐては持鎗に事を欠と有は定り事也。去に依て兼て其心得を致し袋鎗の身を支度仕り陣中へ是を持参致し柄には竹を仕すげ候てなり共当用の間に合て候様にとの心懸尤也。是又少々疵などは有之候ても作り丈夫にして寸の延たる刀を脇指に拵て是を貯へ置自然の砌其場所へ召つれ候下人共には各是をさゝせ腹には胸懸頭には鉢金鎖笠又はくさり鉢巻などを致させて召連候儀尤なりや。其子細を申に武士たる者は年来の主恩を感じ又は其身一分の正義を守るが故にいか程危き場所といへ共少もいとひさくる事なく行にくき所へもゆきこたへにくき所にもふみ詰てこたへ申にて候。下々の義は日頃の恩も薄く候へば何を感ずべき事もなく勿論義理を存ざればそれが為の下々也。其上身には時の衣類を着しさびくさりたる脇指一腰をふりかたげたるまでにては歴々の武士の甲冑を帯し長道具を持て勝負を争ふ場所にこたへ兼ると有は尤至極の義也。然処にけわしき場所に能ふみこたへて主人の側を離れぬごとくの十人が中に一人なり共有之候は下々とは不被申武士には増りたる意地合と可申候。去に依て若党には銅丸鉢金小者中間には胸かけ鉢巻又は鉄笠など申軽き身のかこひをも致してとらせ骨の切る脇指の一腰宛もさゝせて召連候とあるは小身武士の正義共心懸共是を可申候。扨又小身武士の陣立に跡づけなど持参申義は不罷成。然者さしかへの刀を持て可行様無之戦場に於て太刀打の勝負を遂るには具足冑の上とある見合せも無之義なれば大方は刀の刃を打おりさし替に事を欠事もなくては不叶。去に依て我がさしかへの刀を若党にさゝせ若党の刀を草履取又は馬の口取中間などにさゝせて召連候ごとく尤也。変の時節には常の時とは違ひ小者中間に至る迄二腰さし候とて誰見とがむるものも無之義也。初心の武士心付の為仍如件。

五一

たとへ小身たり共可然武者師をゑらびて兵法の伝授を致し軍法戦法の奥秘に至る迄をも委細に覚悟仕り罷在義肝要也

武士であれば、たとえ小身であっても、しかるべき師を選んで兵法の伝授をしてもらい、軍法戦法の奥秘をも詳しく心得ておくことが肝要である。人によっては、「小身の武士が軍法を知っていても身分不相応と思われるぞ」というが、それは大きな心得違いであり、考え違いである。

というのも、古くより国郡の守護[1]と仰がれて、名将として知られている人々の中には、卑しい身分や貧しく孤独な境遇から大業を成し遂げた人々が数多くいるからである。よって、今後も小身の武士の出身でも、立身出世を遂げ、一方《ひとかた》の将となるような武士が出ないとは言い切れない。だからこそ、小身であっても大身の知徳を習得すべきなのである。

また、兵学を好んで学べば知と才の二つが開けるので、もともと賢い者は益々賢くなり、少々生まれつき鈍い者でも長年兵法を学べば、馬鹿なことを言わない程度にはなるのである。

そうであるから、武士の学問として兵法よりためになるものはないと言えよう。

しかしながら、兵法の修行を仕損ない、誤って習得すると、利口な者ほど自分の知力に奢《おご》り、他の人を見下し、役にも立たない理屈ばかりを言うようになって、まだ兵法を修めていない若輩者を誤らせ、心がけも損なわせてしまう。口では正道であるような言葉を言いながらも、心根はおおいに貧しく、いつも利害ばかりを考え、次第にその人柄までも極悪になり、終いには武士としての意地もなくしてしまうのであるが、これは半端な兵学の修行をしたための失敗である。

とにかく兵法を学ぶのであれば、中途半端にはせず、何としてでも一度は兵学の奥義に至り、その上で元来の愚に返り、そこに安住するような修行をするのが肝要である。

そうは言っても、筆者も含め、兵学を半端に学ぶ日々を送り、兵法の奥義に達せず、道半ばで迷い、自分のみならず、他人にまでも半端なことを教えてしまうというのは、心外の至りであるが、どうしようもないことである。

ここで愚に返るというのは、まだ兵学を学ばずにいた頃の心に帰するということである。総じて、「味噌の味噌くさきや兵法者の兵法くさきに出会うと鼻を向けられないものである」[2] とは古くから言い伝えられていることである。

初心の武士の心がけとして、件のごとしである。

1　鎌倉幕府が一一八五年に義経、行家の逮捕を名目として国ごとに設けた職名。大番督促、謀反人、殺害人の検断などに当たらせた。有力御家人が多く任命され、鎌倉末期には国内の地頭、御家人を傘下に収め、国衙の職務を奪い吸収して領主化していって、後に守護大名と呼ばれるようになった。

2　『南総里見八犬伝』六にも「すべて武士の武士くさきはじんだのじんだ臭きが如く」とある。「じんだ」は「ぬかみそ」のこと。

【原文】

武士たらんものはたとへ小身たり共可然武者師をゑらびて兵法の伝授を致し軍法戦法の奥秘に至る迄をも委細に覚悟仕り罷在義肝要也。人に依ては小身武士の軍法だて不相応に思はるゝなど申義も可有之候得共それは大きなる心得違の不吟味と申物也。子細を申に古今国郡の守護と仰がれ良将の名を得給ふ人々の中には微賤孤独より起りて大業を立給へる衆中いか程も有之。然ば自今以後たり共小身武士の中より仕出して立身を遂一方の将共罷なるごとくの武士のあるまじきにあらず。爰を以小身たり共大身の智徳を得せしめ度とは申にて候。但し兵学を数寄好みて学び候へば智と才との二つはひらけ候を以元来賢き者は益賢くなり少々にぶきかたへつりたる生れ付の者も多年兵法をさへ学び候得者其しるし有てさのみ鈍なる事を申さぬ程の事には罷成物にて候。然ば武士の学問には兵法にましたる義とては無之様子也。然りといへ共兵法の修行を悪く仕りそこなひ候へば功者付候程我が智に高ぶり寄障る人を見こなし実理にもならぬ高上なる理窟だて計を申て未修学なる若輩の耳をあやまらせ気だてをそこなひ口には正義正法に似たる分外のことばを仕といへども心根は大きに貪り立にも居るにも利害を謀るを以本意と致すに付次第に其人がら悪くなり後々は武士の意地合迄をも取失ふがごとく罷成物にて候。是兵学の修行の中半なるに付ての過失也。とても兵を学ぶべきとならば此半途に足を止めずいかにもして一度兵法の奥旨に至り頓てもとの愚に立帰り安住致すごとく修行仕る義肝要也。然共我人兵学の半途に日を送り兵法の奥義をとり失ひ半途にうろたへ罷在其身斗にてもなく他人迄をもみちびきそこなひ候と有は心外の至り是非に不及仕合也。爰に愚に帰ると申はいまだ兵の道を不学以前の心のごとくにと申事にて候。惣じて味噌のみそくさきと兵法者の兵法くさきとに出あひ候ては鼻むけもならざる物のよし古来より申伝る所也。初心の武士心得の為仍如件。

五二

むかしが今に至るまで大名方の御出会の座敷におゐて喧嘩口論と有義は左のみ無之事に候

昔から今に至るまで、大名方が出会われる場所においては喧嘩口論などというものはあまり起こらないものであった。ただし、今後も決して起こらないとも言い切れず、気がかりに思われるのである。

道中の川越えや舟渡しで、大名同士が出会われる際に、双方の家来が口論をして、次第に人数が増えて喧嘩になってしまえば、時と場合によっては双方の主人同士が加わることにもなりかねない。もし、双方の主人同士の争いに発展すれば、大事件となるのは必然である。

それは、道中において大名同士の争いとなれば、第三者が仲介に入ることもできず、円満に解決させることが難しいからである。そのため、災難は下役が引き起こすものと心得て、主君のお供の際にはことさら慎重になり、自分はもちろんのこと、他の同僚の様子にも気を配り、下々の者へも理不尽な行動を取らぬよう、よくよく申し付けておくことが肝要である。

また、江戸市中で主君のお供をしていて他の大名とすれ違う際に、双方の先導役である小者同士が口論となり、喧嘩に及ぶような場合には、すばやく状況を把握し、道具持ちから主君の持ち槍を受け取り、お側近くで待機し、ことの成りゆきを見守るようにする。争いが鎮まらずに、若い侍たちが刀で斬り合う事態になれば、主君のいる籠のお側へ馬を引き寄せてすばやくお乗せし、槍の鞘《さや》を外して主君へお渡しし、自分も刀を抜いて戦うのだと覚悟するものである。

さて、また主君がご招待を受けてお出かけとなり、そのお供として参上する時に、不慮の事態によりお座敷に騒動ありと見れば、刀を手に持ち、玄関へ上り、取次の者に対し、「私は誰々の家来のこういう者でありますが、何かお座敷が物騒がしく聞こえましたので、主人のことが心配になりまして、参上いたしました」との旨を申し上げるべきである。すると、取次の者が、「そのようなことはございませんが、お気遣いはごもっともでございます。そちら様のご主君に別状はございませんので、心配なされませんよう、ご同僚の方々にもお伝えくださ い」などと言うだろう。その場合には、まず取次の者に礼を述べた上で、改めて、「主君をお呼び出しいただき、拙者に会わせていただきたい」と申し上げて、主君にご面会してから退出するのが道理である。

初心の武士の心がけとして、件のごとしである。

【原文】

むかしが今に至るまで大名方の御出会の座敷におゐて喧嘩口論と有義は左のみ無之事に候。但し此以後とても必有間敷義共申がたし。心元なく被存候。道中の川越舟渡し等の場所におゐて大名と大名との出会に双方の家来口論に及びて申つのり互の方人多く成て喧嘩に及び候はゞ其時の様子次第にて主人と主人の出入にも不罷成しては不叶義も有べし。若双方主人の出入と申に成ては必定大事也。子細は道中におゐて大名方の出入と有を外より手を入あつかふ如くの人は無之に付落着の済口はかり難し。然ば災は下より起ると心得主君の御供と有道中にては尚以物を大事にかけ我身は申に不及諸傍輩にも気を付理不尽の仕方無之様にと下々等へも能々申付る心得肝要也。且又江戸侍小路町方にて主君の御供など仕てありき候に他の大名衆と行違ひ候とて双方先供の若者共口論を仕出し喧嘩に及ぶごとくの義到来の節は早く気を付道具持の手前より主人の御持鎗を請取御側近く持て罷在事の成行様子を見合せ弥鎮り兼若御供の諸侍不残ぬき刀の仕合に及ぶ時は御駕籠の側へ御馬を牽よせて早速召せ参らせ御鎗の鞘をはづし主君へ渡し奉り其身も抜刀に成ての働と覚悟尤也。扨又主君御振廻などに御越被成に付御供として参候時御座中におゐて不慮の義出来致し御座敷の躰騒動と見及び候におゐては刀を手に持玄関へ上り取次の者に出合某義は誰家来何某と申ものにて候何とやらん御座敷の躰物さわがしく相聞へ候に付主人の義を心元なく存候て迄罷上り候旨申べし。取次のものゝ返答にはさせる儀にては無之候得共御気遣の段は御尤に候其元の御主人様の御事は御別条無御座候間少も御気遣無此様に御傍輩中へも御演説被成候へなど可申也。然者先以大慶仕候左候はゞ主人を御呼出し拙者へ御逢せ給はり候様にと申理り主君へ御目に懸退出尤也。初心の武士心付の為仍如件。

五三

主君の御側近く奉公仕る武士傍輩の中にて主君へ対し奉り大きなる慮外を仕り御機嫌を損じ万一御手討などに被成候者有之におゐては早…

主君のお側近くに奉公している武士であれば、同僚の中で主君に対して大きな無礼を働き、ご機嫌を損ない、万が一お手討ちとなる者がいた際には、すぐに取りおさえ、「もはや息が絶えているので、私にとどめをお申し付けください」と申し上げ、そのまますぐに刺し殺すのである。

もしその者が手疵を負い、次の間に逃げていくようであれば、急いで組み倒して外に出られないようにするべきである。そこに主君が来られ、「その者を放せ、私が切り捨てよう」と仰ったならば、「大切な罪人をどうして放せましょうか。私もろともお切りください」と申し上げ、その上でなお、「何としてでも放せ」と仰るようならば、「最初のお切り付けでひどく弱りましたので、すでに息絶えております。とどめは私に刺させてください」と申し上げ、すぐに刺し殺し、二度と主君の手にかけさせないようにすべきである、と古くより言い伝えられているのである。

もっとも、国郡の守護職を任せられた重いご身分の方が、簡単にお手討ちなさることは、万に一つもないので、以上のことが後学のためになるかどうかは分からない。しかしながら武士道の修行とは、こじき袋[1]のように、どんな物事でも会得せよと言われているので申し伝えておく次第である。

初心の武士の心がけとして、件のごとしである。

1　行脚僧または乞食が首にかけて、食物その他の雑物を入れる袋。頭陀袋。

【原文】

主君の御側近く奉公仕る武士傍輩の中にて主君へ対し奉り大きなる慮外を仕り御機嫌を損じ万一御手討などに被成候者有之におゐては早速取ておさへ最早息たへ申候とゞめの義は私に被仰付候様にと申立て則差殺し可申也。若又手疵を蒙り御次を罷過る者あらば頓て組倒し外様向へ出さぬごとく致すべし。其所へ主人御立懸り其者放せ切んと仰有時は大切の科人いかでか放し可申某共に被遊候様にと申上其上にも是非放せと仰有時は御初太刀にて強くよわりもはや相果申候とゞめの義は私へ被仰付候様にと申上て則さし殺し二度主人の御手に懸ぬものゝ由古来より申伝へ候。乍去国郡の守護職をも被成重き御身にて軽々敷手討など被成ごとくの儀は千万に一つも無之道理なればかやうの義は後学に可被成とは不存候。武士道の修行の義は敵道乞食袋と有之を以初心の武士心得の為仍如件。

五四

主人を持たる武士たとへ何事にてもあれ主君の御為に対し一かどある奉公などを仕り我が心にもあつぱれ一奉公をば勤たりと存其家中又…

主人に仕えている武士であれば、たとえ何事にしろ、主君のために一角《ひとかど》の奉公などを勤め上げて、自分でも、「我ながらあっぱれなことだ、奉公を一つ勤め上げたぞ」と思い、その家中や他家でも事情をよく知る者であれば、「近頃では難しいことをよく成し遂げたものだ」と誉めているものの、主君の御心にはたいしたこととは思われないのか、または御心の底では感じていらしても、何らかの差し障りがあるためか、特別な恩賞をくださるわけでもなく、「労して功なし」のごとく埋もれてしまうことがある。しかし、「ご主君にはお情というものがないのであるなあ」などと、主君を恨んで不満を抱き、不平たらたらで月日を送り、身が入らない奉公をするというのは、全くの不心得というべきである。

その理由は、天下戦国の時代であれば、主君のお供をして戦場に立ち、平地の一戦に臨んでは一番槍を合わせ、敵城を攻める際には一番乗り、もし味方が撤退するのであれば殿《しんがり》を務めるなどして、とにかく他の者には難しい働きをと心がけ、もしも運が尽きて敵に討たれるならばやむをえず、それが武士の役目であると覚悟を決めて、毎度の武勇の手柄をあげ、多くの感状や証文をいただく。その家中においては言うに及ばず、他の家中にまでも素晴らしい者として名を知られながらも満足せず、「いずれは死に果てる身命であるのだから、何とぞ主君のお役に立つように死にたいものだ」と心の底から願っていることが、武士の正道であると言えるからである。

泰平の世に生まれた武士であれば、主君に対し、戦場での忠義を尽くそうとの思いが深くても、そのような場面もないのでいつもただお仕えしているだけとなり、誰もが畳の上での奉公ばかりをしている内に老年となり、ご厚恩を受けるのみで死んでいく他はないのである。

そうは言っても、同じ畳の上の奉公でも、主君の御為、お家の御為になるようなよい奉公をと考え、勤めに励み、成し遂げることは、泰平の世の武士としては最たる手柄のようでもある。しかし、さきほど述べたような、戦国の武士が一生の間に幾度となく戦場に立ち、主君の御為に身命をも投げ捨て、多くの手柄や高名を極めた者の前では、大きなことは言えないのである。

その理由は、何と言っても、泰平の世の奉公というのは、畳の上を這い回り、互いに手の甲をさすり、舌先三寸の勝負を争うようなものであって、身命をかけての勤めとは言えないからである。にも関わらず、どれだけ奉公を勤めあげたといって、それを自分で素晴らしいことと思い込み、主君の賞美が厚いだの薄いだのと気にかけ、不平不満を抱くなどは論外であると言わざるを得ない。

変事とあれば戦場に出て、主君の御為、忠義に励もうと走りまわる武士の心には、後々の恩賞などは、少しも計算されているはずがないのである。よって、主君の御為にさえなればと、一筋に勤め働くことこそが、奉公を勤めて世を渡っていく武士の正道である。それを奇特な心がけとして、賞美くださるのも、くださらないのも、主君の御心次第であり、自分の勤めを遂げることだけを思い定めていれば、何も不平不満が出てくるはずがないのである。そのように考えず自分の奉公の功績を誇り、主君のご恩を貪ろうとするのは、未熟な根性であって、忠臣の本道ではない。

初心の武士の心がけとして、件のごとしである。

【原文】

主人を持たる武士たとへ何事にてもあれ主君の御為に対し一かどある奉公などを仕り我が心にもあつぱれ一奉公をば勤たりと存其家中又は他家におゐても其子細を能知たるものは近頃なりにくき義を能は致しかなへたりと申て感じ誉るごとく有之といへ共主君の御心にはさほどの義共思召入られざるにや又は御心底には感じ思し召といへ共何ぞ外に相障る思し召なども御座有ゆへか他にことなる御恩賞とある義もなく労して功なきごとくの仕合となり埋るゝに付ては扨々御情なき被成様かなと申て恨み奉り心底に不足をさしはさみ述懐たら〳〵にて月日を送り身に染ぬ奉公の勤を致すと有は兎角に不及不了簡と可申候。其子細を申に天下戦国の時代ならば主君の御供を致して軍に罷立平場の一戦にのぞみては場中の勝負一番鎗をも合せ敵城を攻るに於ては一番乗若も味方おくれ口と有ばしんがりに返し等の働をも致しとにも角にも諸傍輩の仕り兼るごとくの儀をと心懸て相働く内に若も運尽て敵に討れなば是非に不及それが武士の役義也と覚悟を極めて毎度の武備手柄をあらはし数通の感状証文を戴き其家中は不及申他所迄も覚への者とある名を人にしられながらも猶あきたらず存じとても世にながらへ果ぬ身命なるを何とぞ主君の御用に立て相果たき物かなと心に信に是を願ふと有は武士の正義也。治国に生れたる武士の義は主君の御為に軍忠を尽し度と有心懸ふかく候ても左様の場所も無之儀なればいつも只居を致し我も人も畳の上の奉公斗を仕りてあたら年をよらせ御厚恩をうけ死に仕る外無之。然処に同じ畳の上の奉公ながらも主君の御身御家の為にも罷成ごとくの一かど有よろしき奉公の訳を存じ寄て其義を勤め其事を遂得ると有は治国の武士の身の上におゐては尤手柄のやうにも候へ共右申戦国の武士の己が一生の間幾度といふ義もなく軍に立主君大将の御為に身命をなげうち毎度の手柄高名を極めたる武士の前におゐては中々口のきかるゝ儀にては無之積り也。子細は何を申ても治国の奉公と申は畳の上をはいまわり互に手の甲をさすり舌先三寸の勝負をあらそふのみの善悪にて身命をかけての働とては無之事にて候。然るをいかに一かど有奉公を致し候へばとてそれを我が心に大きなる事と存じ主君の御賞美の厚き薄きとあるを心に懸て述懐不足を抱くと有は沙汰のかぎりと可申候。いかんとなれば戦場に出て主君の御為に軍忠を励て走りめぐる武士の心に後々の恩賞などの義を毛頭程も胸算用に致しては不罷成道理也。爰を以存る時は主君の御為にさへなる事ならばと一筋に存入て是をつとめ働くとあるは奉公を勤めて世を渡る武士の役義也。それを奇特と有て御賞美可被成も被成間敷も其段は主君の御心次第に致し自分の勤をつとむるとさへ覚悟致し候へば事相済何の不足述懐と申義は無之道理也。然るを我が勤労の功にほこりて主恩を貪るとあるは未練の意地にて忠臣の本意にあらず候。初心の武士心得の為仍如件。

五五

其身弓矢の道に志ふかくして兵法を学び軍法戦法の奥秘迄も習ひ極め主君大将たる人の御誉用に預り其家の武者師と成て常々口をきゝ罷…

武芸の道に励み、兵法を学んで軍法戦法の奥義を習い極め、主君や大将のお誉めに預かり、その家の軍師となって日頃から色々と申し上げている内に、変事の際にその家の家老、年寄その他大勢の人々の中から兵法に熟達しているという評判によって、大将より、「今度の戦はその方に全て任せ置く」との仰せを受けたとあれば、素晴らしい名誉であって、武士の本懐としてこれ以上のものはないだろう。

それにしても、そのようなことは極めて重大で、大切な役義であることこの上ない。それは、小さく考えても味方の生死に関わることであり、大きく考えればお国の存亡に関わることだからである。

自分が考えた戦略を大将に申し上げ、その戦略、配備によって味方が勝利を収めれば、その名誉は自分一人のものであるから、これを比類なき大手柄という。逆に、もし敵に戦略を悟られて、先手を打たれ、加えて味方の配備が誤っていたりすれば、どれだけ大敗するかも分からない。よって、軍師は極めて重大な役職と言えるのである。

もし、そのような不首尾となれば、味方の第一、第二の先陣も大半が崩れ、指揮官である頭奉行の何人かも討ち死にし、敵が勝ちに乗じて大将のご本陣に押し入ってくるようになり、立ててある指物なども揺れ動き、今となっては大将のご安否を確かめるのも難しい状況となれば、もはや合戦の指揮は諦めて冑の緒を締め、二度と脱がない覚悟を持ち、馬からも決して降りないという態度を示し、味方が退却するとしても、敵に押付《おしつ》け[1]を見せないようにと心を決め、敵の槍玉にあげられて討ち死にを遂げるのである。これこそが、その家の軍師として日頃から主君に進言する立場の者であり、殊更その日は全軍の指揮を執って戦法を大将へ申し上げ、戦略の相談の中心となりながらも失敗した武士の討ち死にの姿として、古くから決まっているものである。

信州、川中島の合戦[2]の際に、山本道鬼斎《やまもとどうきさい》[3]が前述の決まりを守って討ち死にを果たしたのが、末世、末代に至るまでの軍師役の武士のよい手本である。古人の詞《ことば》にも、「人の為に軍を謀りて破るゝ時は死す」とされている。

ところが、その覚悟もなく、日頃からその家の軍師などと呼ばれて大口を叩き、変事の際には大将の御前での軍議の時にも他の人がいないかのように自分一人で話し、いざ戦となればなおさら人の意見を聞かず、自分一人で戦法の道理に適わないことを考え、大将に進言しては誤った判断をさせ、負けるはずのない戦を敗北に導き、味方大小の諸侍が多く討ち死にを遂げる中で、自分はなおも死に損なって、うろたえ回り、顔を拭きつつ大将のお側へと参り、「随分と考えましたが、ことごとく見当違いでした。このような状況となり、申し訳なくて困惑しております」などと言い訳をするのは、その家の軍師としてあるまじき行為である。

兵学に志ある初心の武士の心がけとして、件のごとしである。

1 鎧の背の上部で綿上に続く部位。ここでは「押付けを見せない」で、敵に背中を見せないことを意味する。

2 戦国時代の一五五三年〜一五六四年、武田信玄と上杉謙信の川中島における合戦。数度にわたって交戦したが、ここでは永禄四年（一五六一）の第四次合戦を指す。

3 明応二年（一九四三）?〜永禄四年（一五六一）?。山本勘介。戦国時代、甲斐武田氏に仕えた武将。『甲陽軍艦』によれば第四次川中島の合戦で「啄木鳥戦法」を上杉方に破られ戦死したとされる。

【原文】

武士たらん者其身弓矢の道に志ふかくして兵法を学び軍法戦法の奥秘迄も習ひ極め主君大将たる人の御誉用に預り其家の武者師と成て常々口をきゝ罷在内に自然の変も出来既に軍立と有之刻其家の家老年寄其外数輩多き中にも兵法に鍛練とある聞へあるを以大将より今度の御軍用一巻を其方に任せ置れ候との仰などを蒙り申とあるは時に取ての面目武士の本懐此上とては有べからず候。然りといへ共事の至て重き大切の役義と申も又此上有べからず。子細を申に小にしては味方諸人の死生に懸り大にして国家の存亡にも懸るを以なり。されば我が存寄たる武略を大将へ申上其備定の上にて一戦に及ばれ果して味方の勝利となる時は其誉れ我一人に迫するを以是は比類なき大手柄と可申也。若又敵に其武略をさとられ先手をこされて味方の備違なるごとくの儀有之時はいか様の大まけと可罷成も難斗。爰を以甚重き大切の役義とは申にて候。若左様の不首尾と罷成味方一二の先手も大半崩れ頭奉行たる役人共も数輩討死致し敵勝に乗て大将の旗本備立に押入たると覚しくて床机所の前に立たる持小旗纏なども動揺致して今は大将の御安否も難斗と被存ごとくの次第に成下り候はゞ最早合戦のせわを相止冑の緒をしめ切て二たびぬかざる事をしめし馬からも二たびおりざる仕形をあらはしたとへしざり口をば曳とも敵に押付をば見せざるごとくにと覚悟を定め敵の鎗玉に上られて討死を遂る是を其家の武者師と言れて常に口をきゝ殊更其日は軍の見切をも仕りて大将へ申上弓矢の御相談柱と成て事を仕損じたる武士の身に取ては古今相定れる討死の場所と可申候。信州川中嶋合戦の刻山本道鬼斎此式を守りての討死は末世末代に至る迄其家におゐて武者師の真似を致す武士のよき手本也。古人の詞にも人の為に軍を謀りて破るゝ時は死すとやらん有之由承り伝る所也。然るに其覚悟もなく常々とても其家の軍法者など言れ大きに口をきゝ事の変と有之刻大将の御前におゐて軍法定の砌も外には人もなきごとく己一人して口をたゝき既に一戦に及刻は猶更人の意見を不用我が独分別を以戦法の道理にあたらざる義のみを案じ出して大将へ御すゝめ申御下知の被成そこなひをさせ申て負間敷事に仕まけ惣敗軍となし味方大小の諸侍余多討死を遂る中に其身は猶も死兼てうろたへ廻りつらかきぬぐいて大将の側へ参り随分と相考へ候儀共悉相違仕り如此の次第に成行近頃不調法の仕合迷惑仕候などゝの申わけを仕り其家の武者師といはるゝ武士の一分の相立申べき様とては無之候。兵学に志ある初心の武士心得の為仍如件。

五六

此以前は世間に殉死と申事はやり候処寛文年中天下一統御制禁との被仰出以来追腹の沙汰世上に相止申候

かつては世間に殉死の習慣があったのだが、寛文年間に禁止の令[1]が出されて以来、後追いの切腹は見られなくなったのである。

今の世でも、諸家の武士の中には、「主君の恩情を深く受けながら、そのご恩に報いることができないので、せめて殉死のお約束を」と考える者もあろう。しかし、幕府の令として、「亡き主君の不覚として跡を継いだ息子も不届き者」とのご法度があるからには、殉死はかえって大きな不忠となるのでそれもできないが、畳の上で人並みの奉公を勤めて一生を過ごすだけでは心外の至りであるので、「何事にせよ、他の同僚にはできないようなご奉公の機会があれば身命を投げ打ってでも果たしたい」と決心している者もいるはずである。

そのような覚悟を決めたのであれば、それは殉死に百倍も勝るものであり、主君の御為となるのは当然のこと、家中の大小の奉公人の救いともなり、「忠、義、勇」の三つを兼ね備えた、末代の武士の手本ともなるだろう。

奉公する者にとって、以下のような目の付け所が一つある。

それは、大身《たいしん》の家には必ず長年の怨霊が取り憑いているということである。その恨みの九割方は下の者から上の者への恨みであり、直接主君に対して祟りをなすわけではない。

その祟りには二種類がある。

一つには、その家代々の家老、年寄の家系の者で、生まれ付き「忠、義、勇」を兼ね備え、後々必ず主君だけではなく家中の者の役にも立ち、誉められるような前途洋洋たる若い武士が、不慮の怪我や流行り病により若死にしてしまい、ご主人の痛手となることがある。例えば武田信玄の侍大将、甘利左衛門[2]が落馬して若死にしたのを、「これは武田家の久しき怨念」と高坂弾正《こうさかだんじょう》[3]が悔やんだ類《たぐ》いである。

二つには、主君の御意に適い出世した侍の心に怨霊が入れ替わり、主君の御心を惑わし非道な行いをさせるというものである。そのお家の家老、年寄、用人、その他お側に仕えている侍の中で、最も主君のお気に入りであり、他に並ぶ者がないような出世をした侍の心に入れ替わり、様々な悪逆を行わせるのである。そのような場合には、以下のような六つの方法がある。

第一の方法をあげよう。主君のお耳やお目を塞《ふさ》ぎ、自分と同役同職の者であっても主君への意見申し入れをできないようにして、たとえ他の者が申し上げた場合でも受け入れられないようにし、その家の大事も小事も自分一人が承るようにして、主君も、「やはりこの者がいなくては困るぞ」とお思いになるように仕向けるのである。

第二の方法をあげよう。主君のお側付きの侍の中で、少しでも志があり、主君の御為になると思われる者を、何かと理由を付けて役職を替えて外へ出してしまい、主君のお側から遠ざけ、一方で、自分に縁がある者や、自分に心を寄せて追従してくる軽薄な者、つまり自分の言うことを批判しない者ばかりを側近の役職に任命し、自分が私腹を肥やしていることを主君のお耳へ入らぬように仕向けるのである。

第三の方法をあげよう。主君の御心をたぶらかし、加えて縁故を作るために、「とにかくご子孫やご相続の心配をしなくても済みますように」などと申し上げ、誰の娘であるかを考えもせずに、容姿がよければよいなどとして、女をかき集め、その上、琴弾き、三味線弾き、舞妓、踊り子の類いまでを抱え集めては主君の御前に差し出してしまう。そして、「どのようなご身分の方でも、高きも賎しきも、時には気晴らしをしなくてはいけません」と進言するので、生まれつき才覚不足のような主君は言うまでもなく、生まれつき才知賢明と誉められていた主君であっても色道には迷いやすく、分別が付かなくなり、そのような戯れが面白くなってやめようともしなくなり、後には昼夜の境もなく、乱舞の後は必ず酒宴というようになり、ご主君は常にずっと奥に入ったままとなってしまうのである。そして、表向きの家中の用事や領内の政治などは、ことごとく自分には関係ないことのようにお思いになり、何事にもやる気が起きず、その者以外の家老や年寄などが、少しでも主君の御前に出たい、と申すのを嫌がり、全てのことについてその者のみに言い付けるようになるため、その者の威勢はますます盛んになり、他の家老、年寄はいないも同然となり、彼らは肩身をすぼめて閉口し、全てがよろしくない家風となってしまう。

第四の方法をあげよう。以上のようになると、人に言えない秘密の経費も多くなり、財政が悪化し、その家代々の古法に背いて新たに法を定め、こちらに勢子《せこ》を入れあちらには狩人を入れて猟をするかのように領民からの取り立てを厳しくしてしまい、さらに家中の者へ渡すべきものも渡さず、下々の者はおおいに痛み苦しみ迷惑しているのを省みることもなく、主君にはそのままの贅沢な出費をさせておくのだから、家中大小の奉公人は納得するはずがなく、口には出さないものの、心の中ではそれぞれが不満を抱き、誰一人として身を賭《と》しての忠義に励む者もいなくなってしまうのである。

第五の方法をあげよう。今の諸大名家は、先代の幕府に対する軍忠軍功の功績によって相続されたお家であるので、どれだけ今が天下泰平の世であったとしても、ご先祖より代々伝えられている弓矢の道をおろそかにすることなどはあり得ないはずである。

しかし、例の者は武道を軽視して、「このようなおめでたい泰平の時代には武具の整備、用意などをするには及ばない」と言うので、元々武道にあまり励まぬ者は、それをよいことに武芸を怠り、武具の装備もせず、「何事もただ目先のことさえしておけばよい」とすることがまかり通る家風となってしまう。主君のご先祖には、世に聞こえのある名将もあったお家柄であるのに、そのような家風は少しもなくなり、明日にでも変事が起きれば、うろたえて騒ぎ立てるばかりで埒が明かず、何をしたらよいのか覚束《おぼつか》なくなると思われるのである。

第六の方法をあげよう。主君の遊興、酒、色の度が過ぎて、次第に我がままも募り、あまつさえ病身となってしまえば、家中の諸侍の気力も意欲も失われ、誰もが一日を何となく暮らすようになる。そうなると、世間の評判も幕府の印象も芳しくなくなるのも自然の流れで、最後には主君の身上にも差し障りが生ずるのであるが、これは物《もの》の怪《け》の仕業なのである。

諸悪の根源である例の一人を当家の悪魔、主君の御敵の極みとして、家中でこぞって憎み、邪魔者と見なすようになるのだが、誰一人として自分で苦労をしてでも駆除しようとする者もおらず、九割の者は例の悪者の悪事に対して訴訟を起こし、手を汚さずに舌先の勝負でその者を糾弾して決着をつけようと相談するだけである。

そうなると、内密には処理できず、その事態が主君のご一門の方々の耳に入るようになれば、ご一族の大事となり、かえって事態が悪化し、終いには幕府の沙汰に委ねることとなる。昔から今に至るまで、大名家で内々の仕置きができずに幕府のご厄介となった場合、その後に主君の身分が保たれたという例はない。そうであれば、「角を矯《た》めて牛を殺す」「廟の鼠を捕るとて社を焼く」の例えのように、主君のお家はつぶれ、家中の大小の奉公人は皆が流浪の身となってしまう。数代続いた大切な名家を、永年の怨霊のために取りつぶされてしまうのは、極めて無念の至りであり、どうしようもない事態である。

そうであるから、ここが最初に述べたように、「主君のご恩を深く受け、公儀のご制禁さえなければ、無益ではありながら、せめて殉死なりともしてご恩に報いる」と決意し、一筋に思い詰めている武士が、身命を捨てる奉公の機会として目を付けておくべき所なのである。

その場合には、さきほどの大悪人を取りおさえ、胴腹をえぐり、または首を刎《は》ね捨てるなど、心のままに仕留めた後に、自分も即座に切腹をとげ、乱心者の所行として決着をつけるのである。

そのようにすれば、騒ぎも訴訟も何もなく、主君の身上に差し障りもなく、家中の家来たちも安堵してお家安泰となる。以上を成し遂げれば、殉死に百倍も勝る「忠、義、勇」の三つを兼ね揃えた者として末代までの武士の手本ともなり、大忠節と言われることになるであろう。

このような覚悟を極めた武士が、諸大名のお側に、せめて一人でもいて、我が身命にかけて主君の御為に守護しているとあれば、生身の鍾馗《しょうき》[5]大臣と同じであり、悪鬼悪神のような佞奸《ねいかん》邪曲《じゃきょく》[6]の悪人も、おおいに恐れ慎み、主君にとってよろしからぬ悪逆を働くこともできなくなるのである。この旨をよくよく思い量るべきである。

武士道に初心の武士への心構えとして、件のごとしである。

おろかなる筆のすさみも直かれと子をおもふ親のかたみとは見よ

1 江戸幕府は殉死を寛文三年（一六六三）に禁止している。

2 天文三年（一五三四）～?。甲斐武田氏の武将。没年には諸説があるが、一説では永禄九年（一五六六）に落馬死したとされている。

3 大永七年（一五二七）～天正六年（一五七八）。高坂昌信。甲斐武田氏の武将。『甲陽軍艦』は昌信の著書とする体裁がとられている。

4　狩猟で鳥獣を狩り出したり、逃げるのを防いだりする人夫。
5　中国の疫病をふせぐ鬼神。濃い髭をはやし黒衣、巨眼の姿で剣を帯びる。
6　佞奸は「弁舌が巧みで心がねじけているさま」。邪曲は「心がねじけていて、正しくないさま」。

【原文】

此以前は世間に殉死と申事はやり候処寛文年中天下一統御制禁との被仰出以来追腹の沙汰世上に相止申候。只今とても諸家に多き武士の中には主君の御恩情を深厚に罷蒙り其御恩の報じ奉る様無之義なれば殉死の御契約を申上度事かなとは存るといへ共公義の被仰出にも亡主の不覚悟跡目の息をも不届と可被思召と有御法度の上には還て大成不忠の至なれば左様にも不罷成然者畳の上に於て人並の奉公斗を相勤て一生を過す外無之と有は心外の至り也あはれ何事にてもあれ諸傍輩の腕先に叶ひ難きごとくの御奉公所もあれかし身命をなげうち是非一奉公仕り上べき物をと心底に思ひ定めて罷在ごとくの者も有間敷にあらず。左様の奥意にさへ相極り候はゞ殉死には百双倍も増り主君の御為は申に不及家中大小の諸奉公人迄のすくひ共なり忠義勇の三ツを全く兼備へて末世の武士の手本共可罷成。奉公の勤方に一ツの目付所可有之義と存候。其子細を申に大身の家には必久しき怨霊と申義なくて不叶。其怨霊は十が九ツ下より上への恨を以の義なれば直に主君へ対したゝりをなし申義とては不仕。手段を以たゝりをなす其品二ツ有。一ツは其家代々の家老年寄の中に忠義勇兼備りたる生れ付にて後々は必定主君の御用に相立家中末々の為にも可罷成と有て諸人の誉事に預るごとくなる若手のよき武士不慮の怪我などを致して相果るか又は時のはやり煩などを仕出し若死を致し主人に事をかゝせ申ごとくの義有之。たとへば武田信玄の侍大将甘利左衛門が馬より落て若死を致たるを是則武田の家の久しき怨霊也と高坂弾正が悔みし類也。二ツには主君の御意に入出頭致す侍の心に入替り扨主人の心を惑し非義非道の行ひをさせ申て其家の家老年寄用人其外近習の侍の中におゐて主君の御気に入外にはならぶ者もなく出頭致す侍の心に入替り種々の悪逆をなさしむるに大躰六ツの品有。一ツには主君の御耳目をふさぐ分別を仕り己が同役同職たりとも外々の者は存寄の趣を申事ならずたとひ申ても御用不被成ごとく致しなし其家の大事小事共におのれ一人して申承るに付主君の控心にも此者なくてはと思召ごとく仕りなすもの也。二ツには近習徘徊の侍の中に少は志も有之主君の御為にも罷成べきとみゆる者をば左右に事をよせて役義を改め外様へ出して御側を遠ざけ己が由緒ある者とか又は手前へ心をよせ追従軽薄を専らと致し我が申付る義をいやといはぬごとくの者斗を宜く取持て近習の役人となし置己が身のおごり私を致すとある義を主君の御耳へ入ぬ様にと分別仕る也。三ツには主君の御心をとらかし且又内縁の為にもと有所存を以とかく御子孫御相続に増たる義無御座と申たて何ものゝ娘子共とある吟味もなくみめかたちさへよくばと申て女中集を致し其外琴引三味せんひき舞子おどり子など申類の者迄をも抱へ集めて差上高きも賤きも時折節の気のべ気晴しはなくて叶ひ不申とすゝめまゐらするに付て元来不足に生れ付被成たる主人の義は不及申大躰才智発明なる御生付かなと申て初の程は人のほめ事に致したる主人も色の道には迷ひ被成易きを以頓て御分別相違あられ其たはぶれを面白と思ひ付被成ては止事なく次第に物ごくなり後々は昼夜の境もなく乱舞の跡は必酒宴と申ごとく成行ひたすら奥はいり斗被成に付表向家中の用事御内の仕置などをば悉皆よそ事の様に思召何事も御心に染ず外の家老年寄などのちと御前へ罷出度と申をばいやがり被成万の事件の一人を以埒を明被成に付其ものゝ威勢は日々に盛になり外の家老年寄は有なしの様子になり肩身をすぼめて閉口仕り万端に付宜からぬ家風となり四ツには右の様子なれば人の知ぬ内証にて物入多きを以つぐのひの致方無之に付其家前代の仕置に背きたる新法の簡略を始め爰にせこを入かしこにさつとを込家中へ渡すべき物をも渡さず下の諸人大に痛み苦しみ迷惑仕ると有勘弁など申儀は毛頭無之主人の御事は披成度まゝの費奢を被成て下へは難義をさせ給ふごとく候ては家中大小の諸奉公人御尤と存る義にては無之に付口へ出してこそいはね心には各不足を抱き誰一人身にしみて忠義を励む者も無之様子也。五ツには当時大名たる諸家の義は其先代におゐて公義へ対し軍忠軍功のいはれを以相続被成来られたる御家なればいかに今天下泰平の御代也とて御先祖より代々取伝へ被成たる弓矢の道などを不沙汰被成べき様とては無之候得共件の一人武道不心懸にしてかゝる目出度静謐の御代には武備の吟味せんさくには及べからずなど申に付元来不嗜なる家中の諸人それをよき事に致して武芸をも勤めず武具兵具の用意も致さず何事も只当座の間にさへあへばよきぞと有ごとくの家風なれば其主君の御先祖方の中に世に聞へある名将などのおはしましたる家がらの様子みゆる義とては少も無之只明日にも何ぞ事の変などゝ申におゐては大きにうろたへ騒ぎたる斗にて事の埒は一ツも明兼可申やと覚束なき次第に思はるゝなり。六ツには主君の御事遊興酒色に長じ被成に付次第に御気随もつのり剰へ病身にまで御成候へば家中諸侍の義も気を屈し心のまめしげなく一日暮しの様子なれば世間の取沙汰上の思召不可然畢竟のつまり主君の御身上にも相障り可申か然ば大きなる物怪也其根取を仕る件の一人の義は当家の悪魔主君の御敵に極りたりと申て家中こぞりて是をにくみもてあつかひものには仕るといへ共誰一人抜出て苦労に仕る者とては無之十人が九人迄も其者の悪事を申立公事沙汰に取結び手をばよごさず舌先の勝負にして本意を遂べきと有分別相談の外無之。左様有之ては中々内証沙汰にて事の埒明ざる儀なれば其出入の子細をば主君の御一門方の御聞にも達するを以御一家中の取扱ひとなりそれより事重く成行畢竟は公義の御沙汰とも不罷成しては不叶。昔が今に至る迄大名方の御身にて家の仕置を被成兼て公義の御阨害と被成其事の済たる上におゐて主人の身上の相立たるためしとては無之。然ば角を直すとて牛を殺し廟鼠を狩とて社を焼たとへのごとく主人の御身上はつぶれて家中大小の諸奉公人皆々流浪の身となり数代相続きたる大切の名家を久しき怨霊の為に取つぶされ候と有は近頃無念の至り是非に不及仕合也。扨こそ右に申主君の御恩を深く蒙り公義の御制禁とさへ無之ば無益の事ながらせめて殉死なりとも致して御恩を報じ奉り度事かなと一筋に存詰たる武士の身命を捨る奉公の目付所とは爰の義なれば件の大悪人を取ておさへ胴腹をゑぐり候共又はもと首を刎すて候とも心の儘に仕済して埒をあけ我身は即座に切腹をとげ乱心者の沙汰と成て相果候ごとく尤也。然る時は何の出入公事沙汰と申義も無之主君の御身上に相障る義も無御座家中の諸人も安堵致し国家安泰也。爰を以殉死には百双倍も増り忠義勇の三ツに相叶ひ末代の武士の手本共罷成大忠節也とは申にて候。如此の覚悟を極めたる武士大名方の御側にせめては一人なり共有之我が身命にかけて主君の御為を存じ入て守護し奉ると有は生身の鍾馗大臣にひとしき様子なれば悪鬼悪神のごとくなる佞奸邪曲の輩も大きに手を置恐れつゝしむ心有を以主君の御為に宜からぬ悪逆不道の働を仕る義とては不罷成ものにて候。此旨能々思量有べき也。武士道初心の武士心付の為仍如件。

おろかなる筆のすさみも直かれと
子をおもふ親のかたみとは見よ

解　説　『武道初心集』と大道寺友山

一．大道寺友山について

『武道初心集』の著者である大道寺友山は、寛永十六年（一六三九）に越後国村上邑（現在の新潟県村上市）で生まれた。名は重祐《しげすけ》、通称を孫九郎、後に号として友山と名乗った。

友山は大道寺家が浪人していた頃に生まれたこともあり、その幼少期、少年期の事跡は不明である。墓碑銘によれば、二十歳前後で江戸に出て小幡景憲《こばたかげのり》、北条氏長、遠山信景に学び、山鹿素行《やまがそこう》から奥義を伝授されるなどして軍学を修めた。その軍学は当時最も影響力のあった甲州流（武田流）であって、同流派のスペシャリストとして友山は評価されるようになった。

その後、友山は兵法学者として諸藩で講ずるようになる。安芸の浅野家に仕えたのち、元禄四年（一六九一）十二月に給米百俵を持参して会津藩松平正容《まさかた》の客分となった。会津藩では様々な殊勲をあげたと見られ、元禄十年（一六九七）には臣籍に列せられる。しかし、元禄十三年（一七〇〇）六十一歳の年に友山は何らかの理由で会津松平家から疎まれて追放に処される。しばしの放浪の後に武蔵岩淵（現在の東京都北区）に寓居し、最初のまとまった著作『岩淵夜話』を著している。

七十五歳になった正徳四年（一七一四）七月からは福井藩松平吉邦に三十人扶持で召し抱えられる。

『落穂集』や『霊巌夜話』、『駿河土産』、また『武道初心集』等の著作はこの時期に書かれたものである。

友山は慶長十九、二十年（一六一四、一六一五）の大坂の役から二十年以上を過ぎて生まれ、元禄年間（一六八八〜一七〇四）を中心に活躍した武家人である。友山が生きた時代は徳川幕府の下で政治、社会の安定化が進み、戦乱の世のように身を以て武士道を理解するのが難しくなっていた。それは若くから兵学を熱心に学んだ友山にとっては憂うるべき事態で、友山は家康の事跡や言葉、また『武道初心集』という教訓書を記すことで、特に下級の武士たちに兵学や武家の有職故実を教え諭しながら、武士としての心構えを知らしめようとしたのであろう。

最晩年の友山は享保二年（一七一七）子の重高に家督を譲って隠居し、享保十五年（一七三〇）十一月、江戸の地で没した。享年九十二歳であった。

【年譜】

一六三九年（寛永十六）
友山、越後国村上邑に生まれる。

一六六〇年頃〜一六九〇年頃（明暦・万治・寛文・延宝・天和・貞享年間）
友山十八〜五十歳頃。成人して後は小幡景憲、北条氏長、遠山信景らに兵法を学び、山鹿素行からは奥義を伝授される。壮年期には浅野家に仕えるなど、兵法家として諸藩を遍歴する。
一六九一年（元禄四）
友山五十二歳。給米百俵を持参し、会津藩松平正容の客分となる。
一六九七年（元禄十）
友山五十八歳。勲功により会津藩松平正容の臣籍に列せられる。
一七〇〇年（元禄十三）
友山六十一歳。何らかの理由により会津藩を追放される（同僚の嫉妬による讒言《ざんげん》との説が有力）。しばしの放浪の後、武蔵岩淵に寓居することになる。この頃『岩淵夜話』を著述する。
一七一四年（正徳四）
友山七十五歳。七月、福井藩松平吉邦に三十人扶持で召し抱えられる。これ以後、『落穂集』『武道初心集』『霊巌夜話』『駿河土産』などを著述する。
一七一七年（享保二）
友山七十八歳。四月、子の重高に家督を譲って隠居の身となる。
一七三〇年（享保十五）
友山九十二歳。十一月、江戸で没する。江戸愛宕坂下の青龍寺に葬られたが、墓は東北寺（現在の東京都渋谷区）に移された。

【大道寺友山の墓碑】

大道寺友山の墓は東京都渋谷区の名刹、東北寺にある。その墓碑には「寿徳院殿節忠友山居士之墓」とあって、友山の略歴が刻まれている。

墓碑銘（文中／印は墓碑の改行部分）

先考知足軒先生者大道寺氏平姓也諱重祐称孫九郎老而号友山／其先出自内府重盛寿永中平氏亡滅其裔匿於城州綴喜郡大道寺／邑因氏焉中葉有大道寺太郎重時者長享中親族伊勢氏倔起於東／方称北条氏居城於相州小田原方此時也重時最有汗馬之功歴事／北条氏遂居於武州川越其子駿河守政繁継業益興遷於上州松井／田兼統両城之兵天正十八年会豊臣秀吉攻小田原躬自勒兵而拠／松井田此年秋七月北条氏悉滅矣於是自殺葬干松井田補陀寺矣／政繁之長子孫九郎直繁在川越聞小田原之急而俾弟隼人守川越／城単騎而赴於小田原之難矣城陥至於城主氏直入干高野山直繁／従之氏直薨後奉仕／東照神君慶長七年四月十二日卒于城州伏見其男繁久蒙

台命属于　越忠輝公寛永十八年卒於越後州此時先生三歳而承其／系統九挑燈之纏大文字之旗今尚伝焉母曽我氏先生及長去郷来／于　武城随小畑景憲北条氏長且学於遠山信景大原吉徳山鹿高／祐而窺甲陽機変之蘊奥也夫於人倫之交脩斉治平之理則原信聖／教不惑于異端邪学年壮寄于浅野家行為　会津侯之客成隠勲数／回也有故見疎遂居于武州岩淵而経年所先生去時有倭歌其言切／直而無

怨悔　侯一見而感焉復接遇如旧及晩節而応我　越前侯／之招充賓位恩遇甚篤去年九十一歳登于日光山拝／神廟且拝戴／神盃生涯之栄何以加之娶中西氏有五子三男二女一曰風山五歳夭／次曰胤昌義子于徳永氏　次曰繁郷廼予也継家系称孫九郎今仕

越前侯一女嫁津軽氏一女嫁大久保氏矣先生自少迄老以兵法鳴／世洽遊説諸侯能談故事又著岩淵夜話落穂集且述大将伝五臣論／遺稿亦多矣先生為人節倹強直而有大度主忠信知義命善容衆貴／賢平日詠歌儘有逸作又自好画寿星像微事雖不足以言毫端鮮明／亦可愛但常楽遇老於太平之　時而已寛永十六年巳卯生于越後／州村上邑今茲享保十五年庚戌冬十一月二日没于武州江戸霊巌／島之邸舎年九十二矣一言不耄以天年終焉葬于　城南愛宕山下／青竜禅林矣和尚謚曰寿徳院殿節忠友山居士古人有言先祖無美／而称之是誣也有善而不知不明也知而不伝不仁也不肖子繁郷本／礼意考譜表事哀慕悲泣謹述其梗概以備不朽云爾

墓碑銘を簡略し、なおかつ補足しながらまとめると下記のようになる。

知足軒先生は、姓は大道寺、諱を重祐、老年期の号を友山とした。

その祖先は平重盛に遡り、寿永年間に平氏が滅んだ後、子孫が山城国綴喜郡の大道寺村に移り住んだことで大道寺と名乗るようになった。

大道寺重時は北条氏に仕え、北条氏の治める小田原にて、様々な武功をあげて取り立てられ、以後大道寺家は北条家の家臣として活躍することになる。ところが、豊臣秀吉の小田原攻めにおける北条方の敗北につき、松井田城を任されていた友山の曾祖父である政繁は自害し、正繁の子で友山の祖父である直繁は高野山で仏門に入るという事態に陥る。一方、正繁の子で友山の父である繁久は越後で徳川忠輝に仕えるようになった。

友山は成人に達すると故郷を離れて、小畑景憲や北条氏長に師事し、加えて遠山信景、大原吉徳、山鹿高祐にも教示を受け、甲陽の学問を修めるとともに、人倫の交わりなどの儒学的要素も学んだ。そこで身に付けた兵法学が認められ、若い頃は浅野氏に召し抱えられるなど、各地を遍歴したようである。

東北寺にある大道寺友山の墓

後に会津藩の客分となって、幾度かの功勲をあげるが、疎まれて武蔵岩淵に身を寄せるようになる。その後、招きを受けて晩年には越前公に仕えるようになる。

(中略)

友山は若い時から老年に至るまで兵法の専門家として世に知られ、諸侯に武家の故事などを遊説した。また、『岩淵夜話』『落穂集』『大将伝』『五臣論』などを著した。友山は節倹、強直の人で、度量が大きく、忠・信を主とし、義・命を知り、他人の意見を受け入れる人間であった。普段は歌を詠み、絵を楽しみ、寿星図をよく描いた。不満があっても表に出すことはなく、老いてからは泰平の世を楽しんでいた。

享保十五年十一月二日、友山は江戸霊岸島の邸宅で九十二歳で没したということである。

二、友山の主要著作

大道寺友山には『武道初心集』の他にもいくつかの著作がある。それらは『武道初心集』と同様に武士道の指南を意図したものと想定される。主な著作を以下の通りである。

『岩淵夜話』

成立は友山が会津を追放されて武蔵岩淵に寓居した元禄十三年（一七〇〇）から、福井藩に任官した正徳四年（一七一四）の間に書かれたものとされ、友山が六十歳の頃の著作である。内容は徳川家康の事跡や講話を記したもので七十話から成り、家康の出生から関東入国、関ヶ原の合戦、大坂の役までの説話をおよそ年代順に連ねた構成となっている。

『駿河土産』

成立については不明。『霊巌夜話』の一本には本書がそのまま収載されている。関ヶ原の合戦から大坂の役、家康没までの約十七年間の家康の事跡、逸話を随筆風に書き留めている。

『落穂集』

成立は友山が福井藩に仕えていた享保十二年（一七二七）とされる。大きく二本立ての構成をとり、一つは家康の出生から大坂の役までを年代順に記したもの、一つは江戸時代初期の政治、経済、社会、文化について、読みやすい問答形式で書かれたものとなっている。

『霊巌夜話』

成立は享保十三年（一七二八）、もしくは享保十四年（一七二九）とされる。問答形式で江戸城の開設、徳川氏や大名などの逸話、寺社の縁起、江戸市中の風俗の変遷などを叙述する。

三．『武道初心集』について

『武道初心集』についてよく知られた話がある。

幕末に福井藩主松平春嶽《しゅんがく》が、江戸から越前福井国に入国するに当たって、敬慕していた水戸藩主徳川斉昭に藩主としての心得を尋ねた。その内の一つ「武道修練の事並に家中の者武道に向ひ候様引立方心得の事」に対する斉昭の答えに「且士道の穿鑿は御家中にて武道初心集抔実に感じ入り候事に御座候…」とあったという。

斉昭が『武道初心集』に感じ入り家臣に読ませていたことが知られる挿話で、同書は幕末にある程度流布し、武士の心構えを説いた書として、時の為政者にも評価されていたと見られる。

『武道初心集』の著作年代は詳《つまび》らかではないが、友山が福井藩に仕えていた晩年、正徳四年(一七一四)以降の著作であると考えられる。「静謐の世」における武士の心がけを示した同書は、時代の要請に即した書物であったと言えよう。

『武道初心集』の流布と「松代版」については、本書所収の海野修氏の論に詳しいが、ここでも「松代版」に関して少々触れておきたい。

「松代版」は上中下の三巻に分かれ、原本が五十六項目で構成されていたのに比べ、四十四項目の構成で各々に表題が付けられ、また内容の一部削除や書き替えも見られる。

上巻――総論、教育、孝行、士法、不レ忘二勝負一、出家士、義不義、勇者、礼敬、馬術、軍法戦法

中巻――治家、親族、倹嗇、家作、武備、従僕着具、武士、廉恥、択友、交誼、絶交、名誉、
　大口悪口、旅行、戒二背語一、陣代、臨終

下巻――奉公、臣職、武役、謹慎、言辞、譜牒、陪従、有司、仮レ威竊レ威、聚斂、頭支配、懈惰、
　処変、述懐、忠死、文雅

「松代版」で削除された項目は「忠節、忠孝の侍」「勝という文字について」「主君・家臣の悪口を言うな」「主君に口答えはするな」「主君の為に不養生はするな」「下級武士は妻子を持つにはまだ早い」「武士

であるからには盗みはするな」「主君のお叱りは黙って受けろ」「主君のお手討ちに立ち会う際の心構え」「軍師を務める心構え」について書かれた十の項目である。

刊行された天保五年は友山が死してすでに百年、幕末を迎えようとしていた時代である。友山は、主君に対する絶対的服従を始めとした封建主義的な論理を、戦国時代からの流れで提示していたのであるが、更に時代が進んだためか「松代版」では封建的な論理に沿った過激な内容は削除されているように思われる。

また、古川哲史氏は「松代版」が友山の独断的意見を述べた個所を削除していると考え、「松代版では友山の個人的思想信念の表白は全く削除する方針を採ってゐる趣きが看取される」（岩波文庫『武道初心集』）と述べている。古川氏が指摘するように「松代版」は客観的、普遍的な内容を目指しており、同版には武士の教科書としての意味合いを見ることもできそうである。

今回利用したのは原本に近いと目される写本——松代町大平喜間多氏所蔵、文政十一年高田法古謄写本——を古川氏が校訂した岩波文庫版である。武士の心構えとして書かれた『武道初心集』ではあるが、そこに書かれた一つ一つの言葉は現代を生きる我々の心構えとしても有用な面が少なくないであろう。

参考文献

・古川哲史校訂『武道初心集』岩波文庫、一九四三年
・井上哲次郎編『武士道集　上巻』春陽堂、一九三四年
・矢野一郎編『武道初心集』実業之日本社、一九六三年
・吉田豊訳『武道初心集』徳間書店、一九七一年
・加来耕三訳『武道初心集』教育社新書、一九八九年
・永吉二郎『日本武士道史』中文館書店、一九三二年
・斎藤正謙『士道要論』日本国粋全書刊行会、一九一六年
・橋本實「武士道教義の内容（その三）――大道寺友山の説――」『武士道講話』有光社、一九四二年
・古川哲史「大道寺友山について」『近世日本思想の研究』小山書店、一九四八年
・古川哲史「『武道初心集』とその思想」『武士道の思想とその周辺』福村書店、一九五七年
・森銑三「落穂集とその著者大道寺友山」『森銑三著作集第十一巻』中央公論社、一九七一年
・高橋富雄「武道初心」『武士道の歴史二巻』新人物往来社、一九八六年
・徳岡國三郎「大道寺友山と武道初心集」『歴史地理』一九三九年二月
・『国史大辞典』吉川弘文館、「大道寺友山」の項（相良亨）